祖父母の特別な役割
聞くこと・見ること・話すこと
C.マーガレット ホール＝著／吉井 弘＝訳

The Special Mission of Grandparents
HEARING, SEEING, TELLING

誠信書房

Translated from *The Special Mission of Grandparents Hearing, Seeing, Telling,* by C. Margaret Hall, originally published in the English language by Bergin & Garvey, an imprint of Greenwood Publishing Group, Inc., Westport, CT, USA. Copyright © 2000 by C. Margaret Hall. This edition by arrangement with Greenwood Publishing Group, Inc., through Japan Uni Agency, Inc., Tokyo, Japan. All rights reserved.

目　次

第1部　出　発　点

第1章　祖父母になるということ ───────── 3
　　　始めるにあたって　9
　　　どこまで責任をもつか　10

第2章　祖父母の「特別な役割」──────── 14
　　　貢献できること　19
　　　目的，意義，方向性　22

第3章　聞くこと ──────────────── 25
　　　過去のことを聞く　30
　　　未来のために聞く　32

第4章　見ること ──────────────── 36
　　　過去を見る　40
　　　未来を見る　43

第5章　話すこと ──────────────── 48
　　　過去を話す　54
　　　未来を話す　56

第 2 部 「特別な役割」を担う

第 6 章 バランスのとれている家族 ——————— 63
　　　　「特別な役割」を持つバランスのとれている家族　69
　　　　バランスのとれている家族と改革　71

第 7 章 伝統的な家族 ——————— 75
　　　　「特別な役割」を持つ祖父母と伝統的な家族　81
　　　　伝統的な家族と改革　82

第 8 章 対立する家族 ——————— 86
　　　　「特別な役割」を持つ祖父母と対立する家族　91
　　　　対立する家族と改革　93

第 9 章 問題をかかえた家族 ——————— 97
　　　　「特別な役割」を持つ祖父母と
　　　　　問題をかかえた家族　102
　　　　問題をかかえた家族と改革　104

第 10 章 疎遠な家族 ——————— 108
　　　　「特別な役割」を持つ祖父母と疎遠な家族　113
　　　　疎遠な家族と改革　115

第 11 章 断絶した家族 ——————— 119
　　　　「特別な役割」を持つ祖父母と断絶した家族　124
　　　　断絶した家族と改革　126

第 12 章 連立家族 ——————— 130
　　　　「特別な役割」を持つ祖父母と連立家族　136
　　　　連立家族と改革　138

第3部　「特別な役割」を完遂する

第13章　世代から世代へ ───────────── 145
　　　　「特別な役割」を持つ祖父母と世代間連鎖　　151
　　　　世代間連鎖と改革　　153

第14章　遺産をのこす ────────────── 156
　　　　「特別な役割」を持つ祖父母と遺産　　161
　　　　遺産と改革　　163

第15章　社会へ還元する ───────────── 166
　　　　「特別な役割」を持つ祖父母と社会への還元　　171
　　　　社会への還元と改革　　172

参考文献 ──────────────────── 177
訳者あとがき ─────────────────── 179

第1部　出発点

第1章　　祖父母になるということ

　祖父や祖母になると考えるのは怖いものである。たぶんこの立場になって，老いの始まりを，つまり若い家族の中で取り残された年寄りのひとりになることを，痛切に感じてしまうからだろう。しかし，今日の社会では，親から祖父母になる変化の苦痛を軽減してくれる社会的な儀式は多くないが，その節目を祝ってくれる人はたくさんおり，御祝い状が届くこともある。

　祖父母になる年齢が若ければ若いほど——特に30代や40代であると，子育ての負担と責任を親と分かち合うのが当然と思われてしまう。厳しい環境に直面している家庭では，実際，親のかわりに祖父母が孫を育てなければならないこともある。現代の社会では，人生の早いうちに子や孫をもうけることは，個人にとっても社会にとっても危険なことだと思われがちだ。特に母親が貧しく，未婚で，家族の全面的な支援が得られない場合はなおさらである。

　どんな社会階級，人種，民族においても，結びつきの強い家族もあれば，家族としての機能を持たない家族や崩壊しきった家族もある。祖父母になるということは，社会階級，人種，民族，性別の違いによって多少の違いはあるものの，新しい命の誕生とともに家族関係のパターンが重きをなすようになる点では共通している。『祖父母の特別な役割——

聞くこと・見ること・話すこと』では，祖父母になるということと，家族や地域社会に参加することに見出される，共通する重要な点について述べていく。

　すべての社会階級，人種，民族の祖父母たちの行動を一見すると，少なくとも表面上はみなうまくやっているように見える。祖父母たちの話題は，孫を可愛がり，孫のできのよさを自慢するというように良いことだけが語られがちで，不平不満はそれほどないようにみえる。だが，本当にそうだろうか？　そんなに単純なものだろうか？

　祖父母になってみて，また実際に祖父母業を経験してみて，どう感じているかをもっと詳しく聞いてみると，家族間にストレスと緊張があるために，祖父母であることの楽しみや満足感が奪われている現状に気づく。ステファニー，ラシード，マリア，カルロスの四人も，祖父母であることの不安と不満を抱えているが，これについてはこの章の後の方で述べよう。

　本書は，祖父母であることの充実感を阻害している家族問題にどう対処したらよいかを示し，積極的で役に立つ祖父母の生き方を提案している。さらに祖父母が，世代を超えたさまざまな人たちとの交流にもっと深くかかわり，家の中だけでなく外にも出ていって，個人や社会の発展をささえる地盤改善に力を尽くすことをすすめている。

　これらの目標を達成するために，まずは，私たちがどんなふうに祖父母になり，祖父母になった最初の段階でその後の祖父母生活をどのように規定してしまうのかについて考えてみる必要がある。祖父母になることで発生する問題やジレンマは，どの家庭でも生じていることなので，ステファニー，ラシード，マリア，カルロスの家族間の緊張関係を見ることは，私たち自身の家族関係を考えるのに役立つ。

ステファニーは60歳で，三人の孫を持つが，自分に孫がいることを友人に話すのは，嬉くもあり辛くもある。「孫たちが来てくれるのを首を長くして待っているのよ。わたしから孫のところまで訪ねていくのは大変でしょう？　だからいつかは向こうから会いにきてくれると思ってね……」と彼女は寂しそうに言う。

　ラシードには別の問題がある。「息子の嫁ともっとうまくやっていけたらと思うんです。孫息子に会いに行くときにはいつもそのことが気になって……」と話すラシードは55歳で，息子夫婦とスープの冷めない距離に住んでいる。

　マリアとカルロスの場合は，今はうまくいっているが安心はできないと感じている。「私たちは孫娘のためにできることは何でもやっている。夫はお小遣いをあげ，わたしは料理を作ってあげたりプレゼントを買ってやったりしてね。海岸に行くときはいつも孫たちと一緒よ。でも……」とマリアはため息をつく。「孫たちが大きくなってからが心配なの。子どもはあっというまに大きくなるでしょ。そしたらきっと私たちよりも友だちと過ごす方がよくなるんでしょうね」。マリアとカルロスは20年以上も前にアメリカに移住してきた。今はふたりの孫娘から約20キロのところに住んでいる。

　ステファニー，ラシード，マリア，カルロスの話をさらによく聞いてみると，彼らの不満や不安はかなり現実的なものだということがわかってくる。だが彼らの個々の状況を考えるとき，それと平行して，祖父母にはどんな選択肢があるのかもっとよく理解できるように，祖父母になることの根本的な問題を考えなければならない。まず次の点を自問してみよう。祖父母になるというのは，人生で，どのくらい重要なことなのか？　祖父母になることはそんなに不安で辛いことなのか？　ステファ

ニー，ラシード，マリア，カルロスは祖父母として役に立っているという満足感と安心感を持つことはできないのだろうか？　こんな状況をいつまでも続けているとどうなるのだろうか？

　ステファニーの状況をもうすこし詳しく見てみよう。彼女は車を持ち，弁護士秘書の仕事をフルタイムでこなしている健康な女性である。自分の稼ぎがあり，持ち家でつつましく暮している。結婚後5年で離婚し，息子と娘を溺愛しながらもほとんど女手ひとつで育てあげた。ステファニーは何年間も息子と娘のために多くのことを犠牲にして働き，片親にしてはよく育てたと自分でも思っている。だから今度は娘や息子が自分に恩返しをする番であり，ちょくちょく孫を連れて顔を見せに来て当然だと考えている。

　ステファニーは自分から孫たちのところへ行こうとはしない。子育てに関して思いこみがあり，娘や息子が孫を自分のところへよこすのが当然だと思っている。彼らがたまにしか訪ねてこないのにとまどいながらも，それはきっと孫がまだ小さいからだろう，もうすこし大きくなればきっと彼らと一緒に過ごせるようになるにちがいない，と自分に言い聞かせている。

　ラシードはというと，嫁を怒らせはしないかと遠慮している。近くに住んでいながら，また息子を愛していながら，足しげく息子の家を訪ねるのをためらってしまうのはそのためである。嫁の都合を考えながら孫息子と過ごす時間を作る，という思いやりと気づかいを持とうとせず，いつでも好きなときに孫息子を訪ねることができないのはおかしいと思いこんでいる。

　ラシードはそのすれ違いについて嫁と直接話し合うことはしない。プライバシーにうるさい嫁だと，陰で文句を言うだけである。この感情的なしこりのせいで，孫息子に気軽に会いに行けないことに気がついてい

ながら、自分は祖父なのだから、何も言わなくても嫁はその気持ちをくみ取るのが当然だと考えている。いらいらする気持ちを息子にぶつけてみても、息子とて妻に父の気持ちをくむよう強制するわけにもいかない。ラシードはこの閉塞状態をどうやって解決するのがいいかわからないでいる。

　マリアとカルロスは自分たちをすばらしい祖父母だと確信している。20年以上前にアメリカに移住してきて経済的には一応の成功をおさめ、当然のことながら築き上げた多くのものに誇りを持っている。その結果、彼らの祖父母としてのかかわり方は、子どもたちとその家族にふんだんにお金を使うことであった。これまでのところ、マリアとカルロスはプレゼントをしたり遊びに連れていくことで、孫娘たちの愛情と歓心を得てきた。

　しかしふたりとも、孫娘たちとの親交が時間という試練に耐えられるとは思っていない。孫娘たちが成長するにつれて、友だちや他に夢中になることがたくさんできて、祖父母のことなど忘れられてしまうだろうと心配している。しかしマリアとカルロスは愛情に満ちあふれた現在の生活が不安定であると気づきながら、どうしたらいいのかわからないでいる。疑問ととまどいを感じながらも、今までどおりお金を注ぎこむという無難な策をとることにしている。

　ステファニー、ラシード、マリア、カルロスと同様、現代社会では多くの祖父母が、家族のあいだでどんな役割を演じたらいいかわからなくなっている。祖父母はかつて、家の中で影響力を持ち、たとえ離れたところにいても力を振るう存在であった。少なくともそう記憶し、そう教えられてきた。そして過去、つまり現在のアメリカの対極にある生活は、祖父母を大切にする黄金時代だったと懐かしむ。それに比べて自分

たちが現代の家族の中であまり重要な役割を果たさなくなったのは，社会のスピードが速くなったせいかしら，と思う。祖父母の責任が軽くなったのは，個人の自由と自立が確立していることの裏返しで，良いことではないかと納得してみたりもする。しかし，現代の家族は祖父母の支援なしでもけっこううまくやっていると思いながらも，祖父母の多くはそれが本当に良いことなのか疑問を感じている。

　本書は，昨今の年寄りの地位低下に甘んずることなく，自分がやらなければいけないことは何なのか，何ができるのかを考える祖父母は，社会の一員として，家の中でも外でももっと貢献できる人になれることを示している。本書では，家族や社会に年寄りの力を示すための具体的で計画的な手だてを述べている。きちんと目的を持った行動やお節介なら，孫だけでなく世間一般の人のためにもなるはずである。

　今日の産業社会において，家族や社会に貢献できる祖父母の「役割」とは何だろう。それを考えるにあたっては，まず，祖父母にしかない強みを思い起こしてみよう。それは，一家の過去の世代にも現在の世代にもつながっている祖父母たちの立場である。幅広いつながりの中心にいる，戦略上有利な立場。そこに立っているからこそ，祖父母には，孫やもっと先の世代にまで永続的な影響力をふるえるのではないだろうか。

　本書は，まず祖父母の「役割」を混乱や矛盾といった状態から切り離すことと，家族や社会にその「役割」を持ちこむための作戦や行動を示している。そして孫たちが，家族が，未来の世代が，社会全体が幸せになるように，祖父母にはぜひ目的意識を持ってもらいたいと願っている。これはたいへんな仕事である。だがこれは，残りの人生すべてを賭ける価値のある大仕事であり，祖父母自身にも孫にもその他の人たちにも生きる意味と楽しみをもたらす仕事である。

始めるにあたって

　祖父母としてどう行動するかは，子ども時代の家族についての印象，特に自分の祖父母に関する経験に大きく左右される。私たちはまず，自分が子どもだったころの祖父母を思い出すことから始めてみよう。祖父母に対して抱いてきた思いをもとに，家族が自分に与える影響を考えてみたい。祖父母がいたために，あるいはいなかったために苦しんだろうか。養育について父方か母方かどちらの祖父母が他方より影響力を持っていただろうか。一組の祖父母，あるいは一人の祖父または祖母が，なぜ特に強い影響力を持っていたのか。あるいはまた，祖父母がこうでなければよかったのにと考えたことがあったろうか。

　過去の思い出や印象，考え方を見なおすことは，「特別な役割（スペシャルミッション）」を持った祖父母になるにあたっての重要な出発点である。自分の祖父母や父母がどうだったかを意識していないと，私たちは無意識のうちに自分が育てられた方法をくり返してしまう。私たちは，ふだんの行動を決めるとき最善の方法をとるように取捨選択しているように，祖父母として行動するときもそうすべきである。仕事やレジャーで使っている創造力，意思，感性を同じように発揮できるはずである。

　ステファニー，ラシード，マリア，カルロスの例を見ると，子ども時代の祖父母についての経験が，今の祖父母としての言動の前提や原型になっていることがよくわかる。さらにステファニー，ラシード，マリア，カルロスは，自分たちが育った家庭の影響力に気づき，その影響力をゼロにしようと努めた結果，初めて自分はこうありたいと望む祖父母像を自由に選ぶことができたのである。

　ステファニーは祖父母全員と非常にいい関係を持っていた。子どもの

ころは父方の祖父母も母方の祖父母も近所に住んでおり，両親に連れられて定期的に弟と祖父母の家を訪ねた。しかもどちらか一方の祖父母にかたよることもなかった。十代のころまで彼女はほとんどの週末をどちらかの祖父母と過ごしており，祖父母とはそういうものだと思っていた。祖父母たちは，子ども時代の家族の思い出に，なくてはならない存在だった。

ラシードは，一組の祖父母と緊密な関係を持っていた。子どものころ，父方の祖父母は同じ町内に住み，週に一，二度はかならずラシードに会いにやってきていた。ラシードの母と義母はたいへんうまくいっており，ラシードが祖父母の家に泊まったり，祖父母が彼の家に泊まったりすることもよくあった。子ども時代のラシードにとって，父方の祖父母は，精神面でも愛情面でも両親と同じくらいの存在だった。

それに対してマリアとカルロスはそれぞれの祖父母と近しい関係ではなかった。ふたりともエルサルバドルの貧しい家庭で育った。マリアの両親もカルロスの両親も結婚後すぐに故郷の村を離れ，遠くの町に居を構えた。生まれ故郷を訪ねるのは大変で費用もかかるため，マリアもカルロスも成長過程で祖父母と頻繁にかかわりあうことはなかった。さらに祖父母たちはとても貧しかったので，祖父母たちは比較的若くして死んだが，それまでマリアの両親もカルロスの両親も彼らにずっと経済的な援助をしていたのである。

どこまで責任を持つか

どんなタイプの祖父母になるかを決めるもうひとつの要素は，祖父母の「役割」を果たすのに，どこまで責任を持つかである。家族関係の距離のとり方のむずかしさについては，マスコミもこれまでいろいろ取り

上げてきた。しかしそれはたいてい夫婦間や親子間の関係についてであって，祖父母に関してではない。だが祖父母として孫にどこまでかかわるかは，人によって千差万別である。なかには祖父母になる前からその責任を完全に放棄してしまっている人もいる。孫に対する責任どころか，父母としてすら，満足に責任を果たしてこなかったような人たちである。

　過去のことはともかく，孫に対していい祖父母になりたいと思ったら，子に対する問題はさておいて，孫に何をどれだけしてやればいいのかを考えてみることである。はっきりした目標と理想を持っていれば，私たちは私たちにしかできない「特別な役割」を果たせる。本書では，祖父母の理想を現実のものにするために，日常生活で何をどう実践すればよいかを示そう。

　ステファニー，ラシード，マリア，カルロスたちと彼らの家族の例をもうすこし長期にわたって観察していくと，祖父母の「特別な役割」に目覚めたきっかけとその成果が見えてくる。祖父母の「特別な役割」の解釈の仕方は人それぞれ違うが，目指すのは，新しいしかし似たような家族関係の構築なのである。

　ステファニーは祖母としてもっと積極的に行動すべきだと気づき，自分は祖母としてこうありたいと思うことを実行に移し始めた。自分の子や孫の都合を確認したうえでこちらから訪ねて行く予定を立て，それを定期的に行うことに決めた。娘や息子の家庭との接触回数と密度を増やした結果，ステファニーの家族間の関係も変わった。家族の結びつきはより柔軟になり，ステファニーは孫たちと満足のいく関係を築くことができたのである。

　ラシードは長い時間をかけてやっと次のようなことに気づいた。自分が嫁から嫌われているわけではないこと，タイミングと頻度さえ配慮し

ていれば，孫を訪問することに何の問題もないこと。そして孫の顔が見たければ，事前に嫁に知らせておきさえすれば，いつでも自由に会いに行けるのだということなどである。その結果ラシードは，孫の家に頻繁に寄れるようになっただけでなく，孫を外に連れ出すようにもなった。嫁の都合をきちんと配慮することで，嫁や孫との信頼関係が築かれたと同時に息子との絆が深まった。

　マリアとカルロスは孫娘へのプレゼントを続けていたが，意識的に彼女たちと対話を重ね，精神的なつながりを重視するようにした。二人は子ども時代の記憶を孫たちにひとつひとつ語り聞かせた。すると，エルサルバドルでの前半の人生とその後のアメリカでの人生のあいだにあった，心理的な距離が埋まってきた。すべてを語り尽くすころには，孫娘たちはすっかり家族史の一員に加わった。ファミリーの一員だと感じることは，孫たちがこれから生きていくうえで，大きな心の安定基盤となるはずである。

　ステファニー，ラシード，マリア，カルロスの四人の例は，祖父母が直面する問題のごく一部にすぎない。私たちは誰一人としてこの四人とまったく同じ問題にぶつかるわけではないが，しかし似たような問題を抱えている。というのは，家族とは相互に作用しあうネットワーク集団であるから，祖父母であろうとなかろうと，他の家族のメンバーと自分がどういう関係にあるのかを知ることは大切である。世代をつなぐ祖父母という立場は，皆も自分も成長させ発展させる鍵を握っている重要な立場なのである。

　ステファニー，ラシード，マリア，カルロスが祖父母になったときのことやその後の経緯を見ていると，彼らが祖父母の「特別な役割」をどう定義づけたかがよくわかる。よく考えてみよう。ステファニー，ラ

シード，マリア，カルロスが「特別な役割」を持つ祖父母になるとき何が一番役立っただろうか。孫や家族の役に立つために，日常生活の中でどんな戦略を用いただろうか。そして結果的には家族や社会に対してどんな貢献をしただろうか？。

　次章からは，祖父母が目標を果たすための具体的なアプローチのしかたとテクニックについて説明すると同時に，その戦略を日々の生活でどう実践するかについて述べよう。本書は「聞くこと」，「見ること」，「話すこと」が孫や家族との関係を強化する重要な鍵となっていることについても述べている。

　ステファニー，ラシード，マリア，カルロスは祖父母としての責任や目標に目覚めた早い時期に，孫たちとの関係を変え，違う世代の親戚との交流も深めるようになった。彼らは目的と方向性を見据えた祖父母になる道を，家族に幸せをもたらす存在になる道を，自ら選んだ。そして，計画，戦略，行動を通じて祖父母のあるべき姿を表現したので，時とともに人数の増える家族にいい影響力を及ぼした。

　本書では読者に，家族と社会への扉を開くために，まず祖父母の家族の起源を知ることから始めるようすすめている。それは孫たちや家族，もっと未来の世代が健やかに成長していくうえでの土台になるからである。本書は，祖父母になるための，そして祖父母が家族のみならず社会に貢献する自覚を持つための指南書である。

第2章　　祖父母の「特別な役割」

　祖父母の役回りというものは往々にして，選ばれたというより押しつけられたように感じられるものである。人によって，いろいろな反応を示す。たとえば，自分が娘や息子の仲間であることを認めない。娘や息子がなるべく遅くまで結婚しないことを，あるいはずっと結婚しないことを望む。結婚せずに同居を続けるカップルに猛反対する。ましてやそういう関係で孫が生まれた場合にはなおさらである。孫ができると娘や息子のキャリア形成に響くに違いないと憂慮する。祖父母になるとわかって大喜びする。あるいは，孫の顔が早く見たいと待ち望む……などなど。

　祖父母の責任を引きうけるか断るかは選択できるが，孫を持つことは自分の意思でどうにかなるものではない。本書の願いは，あなたに孫ができたとき，祖父母になることを快く受け入れ，あなたの家族と社会のなかでその力を存分に発揮してもらうことである。

　祖父母の「特別な役割」という言葉は，祖父母であるがゆえの使命感を揺さぶる。私たちは，自分にとっての「特別な役割」を考えるとき，家族に対する責任感の裏にある本当の気持ちに向き合わなければならない。本当に行動的な祖父母になりたいと思っているのか？　祖父母の責任をどの程度，どれだけの期間自ら進んで積極的に担おうとしているの

か？　孫を育てる義務があるわけでもない場合，孫の生活に深くかかわる覚悟があるのか？　自分の仕事の時間を割いてまで，孫が幼児のときも，学齢期になっても，青春を迎えても，成人してもきちんとつきあっていけるだろうか？　自分自身の都合だけでなく孫の都合にも合わせて生活を変えてもいいと思っているのか？　孫，親族，地域社会と日々交流していくための意義，目的，方向性などという大それた目標を作り，追求していけるのか？

　だが，いったん祖父母の「特別な役割」という天命に応えてしまえば，目的意識や自信はおのずと高まり，いつのまにか孫やその他の人たちの役に立つ人間になるはずである。この役割を引き受ければ，孫のために，あるいは孫と一緒に，何を達成したいのか，また家族や社会のために何を貢献したいのか，自然に見えてくるはずである。自分を信じて，まず第一歩を踏みだしてみよう。すると，やるべきことがはっきりしてくる。それは，孫たちとのコミュニケーションを十分にとることで，これなくしては，豊かで意義のある理想の実現はあり得ない。

　ビクター，エラ，ヘンリー，シーラの四人は，はじめは消極的で，どちらかというと無責任な祖父母のように思われていた。プレゼントをしたり家族の集まりに顔を出したりといったお定まりの行事だけこなしているようであったが，心の底では，孫とのもっと有意義なつきあいを望んでいた。

　「私は孫にとって単なる親戚の一人というだけで終わるのは嫌なんです」とビクターは言う。「それ以上の存在の祖父になれるはずだと思うんですがね」

　エラはため息をつきながら，こう話す。「孫が可愛くてしかたないんだけど，あの子たちったら，うちにはちっとも遊びに来てくれないの。来て

くれたら，一日中一緒に遊んであげるのに」
　ヘンリーはこう不満を漏らす。「孫の数が多すぎて，誕生日がきても誰が何をほしがっているかいちいち覚えていられないし，ひとりひとりとゆっくり過ごすこともできない。本当はもっと孫たちのことを知りたいと思っているんだが」
　シーラも同じように困っている。「これだけ孫の数が多いと，気が散って，何をしてあげたらいいのかわからなくなっちゃうんですよ。これじゃいけないとは思うんですけど」

　ビクターは娘や息子が成人してからは彼らとほとんど音信不通であったため，今になって祖父として家族の仲間入りしようとしても，そう簡単にはいかない。それに対してエラは，二度結婚し，二度とも離婚に終わった。長い間女手ひとつで子育てをしてきて，それを生きがいにしてきたが，子どもが成長し独立した今では，孫だけが心のすき間を埋めてくれる存在である。ヘンリーとシーラはちょっと複雑な家族を抱えている。ふたりとも，若いころ別の人と一度結婚し離婚した。その後一緒になり，26年が経っている。ふたりとも，最初の結婚の時にもうけた子に孫が何人かおり，さらにふたりのあいだにもうけた子にも孫ができている。これだけ大勢の孫たち全員と満足のゆく関係を作るのはなかなかむずかしい。
　ビクター，エラ，ヘンリー，シーラは，孫に対してもっといい影響力のある祖父母になりたいと思い始め，生活を立て直すことにした。ビクターは，孫とつきあうなら，時間をかけて真剣につきあわなければ，かえって傷つけてしまうことに気づいた。そして同時に孫の人生に役に立つ祖父になりたいと本気で考えた。その気持ちにうそはないと確信が持てたため，行動を起こす決心をした。エラは，孫以外のことにもっと関

心を向けるようにした。「特別な役割」に目覚めたエラは，家族だけでなく外の社会と接点を持つようにした。ヘンリーとシーラは，すべての孫と平等に接しなければという義務感を捨て，自分の責任のもてる範囲でつきあう孫の数を限定することにした。

　私たち祖父母は，家の内外に変化を起こすことができると確信することで，普段の生活を見なおし，家族や社会に貢献する方向に舵をとりなおすことができる。とにかく自分の可能性を信じて，やってみること，それが家の内外の人間関係を変えていく出発点である。孫とのつきあいを深め，祖父母の影響力を高め，家族と社会に貢献しよう。すると閉鎖的だった家族と地域の交流は徐々にもっと開放的で，柔軟な，活気の満ちたものに変わっていく。

　ビクターは孫とのつきあいを正常なかたちに戻す前に，息子や娘との関係修復をしなければならなかった。ビクターは長年，父親としての責任を顧みず，普通の家族行事にすら参加してこなかったからである。そんな父親を，息子や娘は今でも許していない。自分の子にすら関心を示さなかった人間が，孫にいったい何ができるというのか。もちろん，孫の面倒を見たいと言い出した父親のことばの裏に，過去の反省がこめられているのはわかる。だが，それを信じて孫を任せて，ある日とつぜん姿を消しでもしたらどうなるのか。幼子の心はまた傷ついてしまう……息子や娘がそう考えるのは当然である。

　エラは二度の結婚に失望し，子育てに全精力を傾けてきた。つねに母親業を最優先してきたので，次第に行動範囲は狭まり，子どもが独立してからは，心にぽっかり穴があいてしまった。その穴を埋めてくれる唯一の存在が，孫だったので，今度は孫に全エネルギーが向かってしまった。これではいけないと気づいたエラは，「特別な役割」を求めて，家の外に積極的に出ていく機会を探すようになった。家族以外の人間や問

題に目を向けるようになれば，以前ほどさみしさを感じなくなるだろうし，これは孫にとってもいいことである。

　ヘンリーとシーラは祖父母としての「特別な役割」の範囲を，どの孫と責任を持ってつきあっていくかを，それぞれ別々に決めることから始めた。お互い，本当に血のつながりのある孫にだけ責任を持つことにした。義理の孫にまでいい顔をする必要がなくなったので，気持ちが楽になって本来したいと思っていたことにエネルギーを割く余裕ができた。

　ビクター，エラ，ヘンリー，シーラの体験は，それぞれが家族や社会の中で祖父母の「特別な役割」を自覚するにいたった経緯を表わしている。この自覚がなければ，祖父母は孫や親戚，地域社会との接し方をじっくり考えることなく，漠然と暮らしてしまう。役に立てるチャンスがあるのに，何もしないで終わってしまう。

　祖父母の「特別な役割」とはどんなことか。年寄りが役に立つには，どんな可能性や選択肢があるのか。ここにそれをいくつかあげてみよう。

1．自分や，孫や，社会にとって好ましい理想に向かって行動を起こす。
2．目標達成に向けて，本気でとりくむ決意をする。
3．目標を達成するためと彼らの関係をより柔軟で生きがいにつながるものとするために，家族や社会への参加の仕方を変えていく。
4．家族と社会の成長と発展をささえることに心を砕き，日々の行動の中でその理想を実現するよう努力する。
5．祖父母だからこそできる家族や社会への貢献，つまり「特別な

役割」の無限の可能性を自覚する。
6．ひとりひとりの人間の価値観や行動には，違いもあれば似かよったところもあるという多様性を理解する。
7．知識教育と同様，情操教育を重要視する。そうすることで「特別な役割」を遂行するという姿勢は長続きし，徹底する。
8．他人がしたいと思っていることは，自由にそうさせてやる。「特別な役割」とは，真に祖父母の責任という意味であり，他人の生き方を強要するものではない。

このように，祖父母の「特別な役割」は，彼らが自己の夢を実現させるための原動力といえる。「特別な役割」を担った祖父母は，家族——孫，子，その他の親戚——に向けて内側へ働きかけると同時に，社会——宗教活動，教育活動，地域活動，仕事——に向けて外側へも働きかける。孫たちを家族と社会の両方の世界に引きこんでいくためにも，祖父母は家族と社会の両方にかかわっていかなければならない。祖父母の力を両方向に向けていけば，バランスのとれた結びつきの強い家族と，豊かな社会が生まれる。

貢献できること

西洋文明と東洋文明の歴史をふりかえると，ずっと昔から比較的最近まで，どの社会階級，人種，民族でも，祖父母が家の資産，財産，先祖伝来の家宝，思い出の品々を守り，次の世代に引き継いでいく役割を担っていた。若い世代のメンバーもそれを望んでおり，祖父母は引き継ぐものを誰にどれだけ分配するかに力を振るってきた。金持ちの家では貧しい家よりも引き継ぐものが多かった分，祖父母の発言力は家の中で

も外でもより強かったといえるが，どんな家にもそれなりの資産があり，やはり祖父母が分配に関して決定権を握ってきた。

世界各地の文明は資産の形成を基盤として，過去あるいは現代も栄えてきたといえるが，そのような文明以前の時代でも，祖父母は知恵や経験に基づく実践的な知識を，若い世代に伝える存在として大事にされ，一族や地域に影響力をおよぼしていた。長年にわたって，祖父母は家の歴史，慣例，言い伝え，そして生涯にわたって学んだ生きるための技術を蓄積した存在であった。したがって西洋文明においては（少なくとも過去においては），祖父母は知識と経験を持っているということで崇められてきた。祖父母が家族や地域社会，あるいは若い世代の人びととかかわったことで得られた成果を数値で表すのはむずかしいが，若い世代が祖父母から多くを学んだことは間違いない。

長い歴史を通じて，祖父母は地域社会の中でかなりの発言力を持っていた。もちろん家の外でそれほど影響を与えてこなかった人もいるが（特に祖母の場合は），祖父母は地域社会の発展と家族の幸せに重要な貢献をしてきたといえる。

では，今日の祖父母の存在意義はどうだろうか？　もっとも古典的な，もっとも伝統的な祖父母の役割が，若い世代への知識の伝達というのであれば，現代の家庭や社会でも同じことができるはずである。どの時代でも通用してきた［年の功］を，現代でも発揮するためには，まず，次の点をよく考えなくてはならない。

1．祖父母が知っていることで，孫の成長と社会の発展にもっとも役に立つことは何か？
2．その知識を祖父母が伝達するには，どんな方法がもっとも効果的か？

３．その知識は自分の家の体験，家の歴史，地域や社会との関係にどの程度基づいているものか？
　　４．祖父母が家族と社会に建設的な貢献をするには，どうしたらよいか？

　結局，今日の祖父母の「特別な役割」が何であるか，祖父母の現在の関心が何であるかを考えるには，過去の祖父母の貢献が大いに参考になる。時とともにどんなに身体的また物質的な環境が変化しようとも，世代間に重要な関係が築ける可能性はいつまでも存在する。お年寄りの中には，自分の役目を心得て，変化する社会と接点を持ちつづけている人がいる。あなたにだってできないはずはない。家族と社会に貢献するにはどうしたらいいかについては，このあとの「聞くこと」，「見ること」，「話すこと」の各章で詳しく述べる。

　ビクター，エラ，ヘンリー，シーラは，家族の過去を見なおして，これから自分たちが何をしたいのかはっきりさせることができた。ビクターは，彼の祖父が，セールスマンとして各地を飛び回り，家を留守にしながらも，家族を大事にしていたことを思い出した。エラは，彼女のおばが地元の教会で奉仕活動をしていたことを思い出した。ヘンリーは，年上の親戚の者が彼が教育を受けることに賛成してくれたことを，シーラは，過去の何世代にもわたって親類の女たちがボランティアの仕事をしていたことを知った。家族の過去に関心を持ったり思い出すようになったきっかけは，「特別な役割」を意識したからである。その結果ビクター，エラ，ヘンリー，シーラは家族と社会にどんな貢献をしたいか，決めることができたのであった。

目的，意義，方向性

　祖父母の「特別な役割」の可能性についての新しい考え方が定着すると，ビクター，エラ，ヘンリー，シーラの四人は日々の暮らしのなかでそれぞれの目的，意義，方向性をふくらませ，育んでいった。自分と家族の関係を考えなおすようになると，気持ちのよりどころができた。それは結果的に，孫たちの心の栄養源ともなった。健やかな心からは，いいと思ったことをすぐ行動に移す実行力が生まれる。「特別な役割」を持つことは，日々の行動の意思決定に目的と方向性を与えることである。「特別な役割」を持ったおかげで，ビクター，エラ，ヘンリー，シーラは，変わりばえのしなかった日常から脱皮し，本当にしたいと思うことをする人間になった。

　ビクターは，いい祖父になるには，まず娘や息子の反感を和らげるという難題に取り組まなければならなかった。そうしなければ孫といい関係は作れない。目的，意義，方向性が決まると，何をどう考え行動すればよいかが見えてきて，どんな難題でも挑戦する気持ちになれた。また，孫と親しくなりたいと心のなかで思いながらそれができずにいたストレスも，少しは軽くなった。

　エラは近所を訪ねて歩き，地域で自分が役に立てることがないか捜し求めた。以前おばが教会の集まりで活動していたことを思いだし，エラも同じことをしてみようと決めた。何かボランティア活動をしたいという彼女の申し出は地域の教会にすぐに受け入れられ，毎週行われる礼拝参加者のための託児サービスの仕事をしてみないかと勧められた。

　ヘンリーは家族の歴史に引きつけられた。彼は「特別な役割」という意識から，親類縁者に連絡をとり，親族の情報を集めることにした。こ

れまで会ったこともなかった親類と連絡をとるようになって，遠い親族までつながりを広げていくことができた。何よりの成果は，ヘンリーが家族の歴史を集めているのを見て，孫たちもそれに興味を持ち始めたことだった。

　シーラは親類の女たちがボランティアで活動していたことを思い出し，自分も女性の健康を守る非営利団体で働くことにした。シーラの「特別な役割」は，家族のメンバーといい関係を作ることだけでなく，ボランティアの仕事をとおして女性の幸せに対する関心を示すことでもあった。女性がかかえる諸問題に詳しくなったシーラのおかげで孫たちは，家族や地域社会の既成概念にとらわれずにより開放的な将来を設計することができたのである。

　目的，意義，方向性を定めることは，祖父母が従来期待されてきた限定的な役割をただ黙って受け入れるのではなく，それに風穴をあけることにつながる。目的，意義，方向性を決めることは，祖父母が達成したい目標を定め，それを実現させるために欠かせないものである。しかし孫や家族，社会に役立つ人間を目指すのなら，「特別な役割」には，広い意味での目的，意義，方向性がなければならない。つまり狭い範囲の人だけでなく，広く一般の人たちにも役立てるようにするのである。

　祖父母の「特別な役割」は，家族や社会に貢献する人間の，発射台であり，基地である。年寄りの力を示し，新しい価値を生み，家族や社会に風穴をあけるという使命感を刺激し，同時に，それを継続させるエネルギーを補給することである。

　ビクター，エラ，ヘンリー，シーラは，祖父母として期待されていることをただなんとなくやっていた過去の態度を改め，「特別な役割」を進んで担い，行動に移した。そうすることによって彼らは，家族や地域

社会の先駆者として，孫や親戚，隣人たちのよき見本となった。

　ビクターはついに子や孫の信頼を勝ちとり，孫の人生になくてはならない人となった。エラの教会での活動は，孫に新しい展望を開いてみせた。ヘンリーが編纂した家族史は，親戚中で大きな話題となり，その後も若い世代に引き継がれていった。家族史の一員であると感じることは，年寄りにとっても若い人にとっても，大きな安心感となった。そして性差に基づく既成概念に関するシーラの知識は，家族と地域の慣習に一石を投じ，男と女，少年と少女のあり方に新しい風を吹きこんだ。祖父母としても，地域社会の年輩者としても，ビクター，エラ，ヘンリー，シーラの4人は以前に比べてはるかに存在感のある人間になった。

　祖父母の「特別な役割」とは，行動を呼び覚まし，方向を決定づけるものである。もちろんどんな目標も，日々の慣習や強迫観念という壁――たとえば孫の誕生日にはプレゼントを買って祝うという既成概念――にぶつかることもある。だが「特別な役割」を意識した祖父母なら，自らの意思と責任において行動を起こし，家族と社会をしっかり支える本物の役割分担者になるだろう。

第3章　　聞くこと

　使命感を持って行動するときには，よく，「心の声を聞け」と言われる。だが，祖父母の「使命」が何であるかを理解するには，心の声や直感だけでなく，きちんとした必然性や情報に基づくことも大切である。心の声に従うにしろ，周囲の声に促されるにしろ，「行動を起こそう」と気づくことは重要なステップである。なぜなら内的世界と外的世界からの声に応えることで，あなたは祖父母の使命に目覚めるからである。祖父母という立場だからこそできる機会を与えられた今，「行動せよ」という声を「聞く」のは，とても大切なことである。

　内側と外側からメッセージを受け取るときに共通するのは，「聞く」という単純な姿勢である。私たちは過去についても，現在についても，未来についても，山のような情報を耳にする。だが，そこから何かを吸収したり記憶したりするのは，注意深く「聞いた」かどうかによる。特定の問題，あるいは直感的に心を引かれたことを注意して「聞いて」いれば，おのずと私たちのやるべきことがはっきりし，それを達成する力がわいてくる。「聞いたこと」を自分や人の役に立つことに使いたいと思うか，それとも，いつものように聞き流してしまうか，それはあなた次第である。

　祖父母が自分の「特別な役割」を形作ろうとするとき，「聞くこと」

は欠かせない作業である。祖父母は，家族や社会の過去について「聞かされた」話を思い出すことで，知識を蓄積していく。また，「よく聞く」習慣をつけると，自分の行動を，家族や社会のニーズや問題解決に関連づけて考えることができる。何の根拠もなく考えたり行動する人はいない。その裏にはかならず，家族や社会の影響があるはずで，それをきちんと自覚するためにも，心を開いて「聞く」ことが大切なのである。

過去のできごとを思いだし，心を開いて「聞く」うちに，祖父母は家族や社会で起きていることに関心を持つようになり，自分の置かれている立場を意識するようになる。家族と社会で起きていることの建前と本音を「聞く」うちに，祖父母は自分たちの存在を，家族や社会の中心に据えるようになる。

「聞くこと」は，家族と社会の真実の姿を暴くことでもある。それは，家族全員の成長と幸せに，何が必要かを考えることでもあるが，そのためには，思い出話を聞きかじったり，ちょっと小耳に挟んだだけで十分と思ってはいけない。ある親戚から聞いた話は別の親戚にも聞きなおして確かめるくらいの編集作業が必要である。今まで会ったこともなかった親戚に話を聞いてみると，それまで思いこんでいたことが，事実と違っていたことに気づく場合もある。ふだん話したことのない親族の話は，案外新鮮で，真実をついていることもよくある。思いこみの正体を暴いてみると，思いこみで感じていた家族や親族からのプレッシャーあるいは干渉から解放されるかもしれない。

アルフォンゾ，ディードラ，トム，ジャッキーには子どものころの祖父母の思い出がほとんどない。アルフォンゾの四人の祖父母は全員，彼が生まれる前に死んでいた。ディードラは一組の祖父母しか知らなかった。トムの祖父母も，トムが幼い頃死んだ。ジャッキーは母方の祖母し

か知らなかったが，その祖母はジャッキーが十代のとき亡くなった。本書でいう「特別な役割」を持つ祖父母とは，家族に何らかの影響を与える祖父母のことである。そういう意味では，アルフォンゾ，ディードラ，トム，ジャッキーは祖父母から影響を受けたとはいえない。しかも祖父母についての知識は，親類から話に聞いた程度であり，自分の直接の体験や祖父母と孫という関係を通したものではないということなのである。

「私は子ども時代，両親と兄弟姉妹以外の家族はほとんど知りませんでした」とアルフォンゾは恨めしそうに言う。「祖父母もいませんでしたから，自分がおじいさんになることに関心はまったくわきませんでした」

ディードラはこう言って嘆く。「父方の祖父母は知っていましたが，母方の祖父母は知りませんでした。父方の祖父母は私のことをとても可愛がってくれていたんですが，それでも，もう一方の亡くなった祖父母のことを恋しく思っていました。私はたぶん幼稚で甘ったれだったんだと思います」

「じいさんばあさんの話やじいさんばあさんになる話なんかしないでほしいね」とトムは言い放つ。「どうしてみんな孫，孫って夢中になったりするんだろう。俺にはじいさんもばあさんもいなかったが，こうやって立派に育ってるぜ」

ジャッキーは懐かしそうにこう言う。「私にはナーナという祖母がひとりいました。小さい頃，私もナーナのような素敵なおばあさんになりたいとずっと思っていました。他に祖父母がいなかったことを不幸だとは思わないけれど，ナーナ以外のおばあさん像が描けないのは確かです」

幼い頃の祖父母の思い出がないため，アルフォンゾとトムは自分たち

の家族に危機が迫るまで「特別な役割」を持った祖父になるなど考えもしなかった。アルフォンゾの息子は昨年自動車事故に遭い，障害を負った。経済的支援はもちろん，二人の孫育ての責任まで引き受けなければならなくなって，とまどっている。トムの場合は，17歳の娘が最近女児を産んだ。赤ん坊の父親はやはり十代で，もうすでに娘とは縁が切れてしまっている。娘は高校を卒業して職につくまで，両親の家に赤ん坊と一緒においてほしいと言っている。妻は娘の希望どおり支援してやろうと言っているが，トムは断じて許さないと言いはっている。娘にはすっかり失望したし，利用されるのもごめんだ，ましてや祖父役なんてとんでもない，というのである。

　だが親戚や友人の意見を聞いたり，忠告を聞いたりするうちに，アルフォンゾもトムも，そういう大変なときにこそ家族の絆が強まることを知った。世の中には，何らかのかたちで孫育てにかかわっている祖父母が大勢いる。目に見えることではないし特別なことでもないため，公にされないだけなのである。

　「聞くこと」はディードラとジャッキーにも「特別な役割」を担う祖母になるきっかけを与えた。ディードラはほかの祖父母の話を詳しく聞くうちに，自分が祖父母に期待しすぎていたことに気づき始めた。誰にでも，できることとできないことがある。ディードラには，一組の祖父母がいただけでもありがたいことだったのだ。ジャッキーは，すでに死んでしまっていた三人の祖父母についての話を聞いたり，近所の祖父母についての話を聞くようになってから，世の中にはナーナ以外の，いろいろなタイプの祖父母がいることを知った。

　祖父母としての影響力を高めたいと思うなら，あなた自身の価値と関心に応じて積極的に貢献しつづけることと同様にまわりの状況をできる

だけ客観的に知る必要がある。つねに素直な気持ちで「聞く耳」を持っていれば，家族や社会で自分にどんな貢献ができるかを理解できるのと同時に，期待や願望をあきらめてしまう長年の悪い癖を改めることができる。家族と社会の関係をいろいろ「聞くこと」で，自分自身は何なのか，自分の期待や願望は何なのかを具体的に知ることができる。日々の暮らしの目的，意義，方向性を問い直すことも，本当はこうありたいと思う祖父母像を見出すことも可能になる。

「聞く」という手段をとおして，私たちは自分の殻から脱け出す。他人から言われるがまま望まれるがままの受け身の人間から，選んで行動する人間になる。意識的に過去の話を聞き集め，自分の知っている現在の知識と結びつけていくとき私たちの地平線はどこまでも広がる。親類縁者の声を「聞く」ことは私たちが家族と社会に役立つ人間になるためのエネルギー源となる。

家族の過去や自分たちの祖父母が異なる社会的背景のなかでどんな貢献をしてきたかを聞くことで，アルフォンゾ，ディードラ，トム，ジャッキーは彼ら自身の祖父母像を自由に描けるようになった。子ども時代に祖父母と安定した関係がなかったにもかかわらず自分たちがその犠牲者にならなかったのはなぜか，ということも理解できた。家族関係を大きな視野でとらえるようになってから，彼らは安心感を持てるようになり，過去の祖父母体験がどうであったかに関係なく，現在の祖父母の立場を肯定できるようになった。

親戚や地域の人びとに問いかけ，答を聞くうちに，家族や社会について知らなかった空白部分は徐々に埋まりはじめ，心の安定が得られ，現在のストレスは軽減した。アルフォンゾは家族とのつながりを意識しはじめると，祖父であるという自覚が高まり，息子とその家族を助ける「特別な役割」を果たそうという気持ちになれた。トムは，親戚や隣近

所の人たちの話を聞いているうちに，多くの子どもが片親でも立派に育っている事実を受け入れられるようになった。そして，娘と孫がいちばん大変な時期を切りぬけるためには，トムが助けてやらないでどうするのだいうことに気づいた。

　ディードラも，いろいろな人の話を聞いて，自分自身の気持ちに正直になると同時に，孫の気持ちに応える方法がいくらでもあることを学んだ。ジャッキーは，ほかの家族の祖父母が孫とどうかかわっているかを聞いて，自分の祖母としての態度や行動は，ひとりよがりな祖母体験に縛られていたことに気づき，その思いこみから自由になることができた。

過去のことを聞く

　アルフォンゾ，ディードラ，トム，ジャッキーは，家族や社会の過去の何が，現在に影響を与えているかを聞き出そうと，いろいろなアプローチをした。アルフォンゾは親類の年長者に連絡をとり，昔のできごとや家族関係について教えてもらった。そのうち，彼は今まで存在すら知らなかった遠い親戚の人とも知り合いになった。ディードラは付き合いのあったほうの祖父母の親戚や友人と話すことから始め，さらに近所で友人を新しく作った。新しい友人たちは，祖母としてもっと生きがいのある人生を送りたいというディードラを応援してくれた。トムは疎遠だったいとこたちとの交流を復活させ，子どものとき死んだ祖父母について教えてもらった。いとこたちの思い出話を聞いているうちに，トムは祖父母のことを身近に感じられるようになり，家族や親族のもつ力の大きさに感動した。一方ジャッキーは，自分の知らなかった祖父母がどんな人たちだったかを調べた。祖父母にまつわる数えきれないほどの物

語を聞いているうちに，祖父母はたしかに実在した人たちだったと実感できるようになった。

　過去を知ろうと「聞くこと」を始めると，アルフォンゾ，ディードラ，トム，ジャッキーには心のよりどころ，つまり家族という基盤ができた。親類の思い出話や昔話を聞いていると，実際には短いかほとんどなかった祖父母との関係をあらためて確認することができた。過去とのつながりを自覚すると，現在の関係や問題がはっきりしてくる。アルフォンゾ，ディードラ，トム，ジャッキーは，過去の話を聞くことで，未来に向けて，特に祖父母としてのこれからの自分たちの役割と責任について，前向きに考えられるようになった。

　ここに，過去の話を聞くことで得られる利点を，まとめてみよう。

1．家族の過去を知ることは，人を「特別な役割」を持つ祖父母になろうという気持ちにさせる。
2．口伝えの話，家族の昔話，先祖の思い出話などは，「特別な役割」を持つ祖父母になろうという気持ちをささえる心の基盤となる。
3．別の視点から語られた家族の過去や地域の変遷について聞くことは，現在の家族や社会との関係を強固なものにする。
4．過去について聞くことは，孫に伝えていくことのできる貴重でかけがえのない知識となる。
5．過去について聞くことで身につけた手法は，現在の家族の問題に向き合い，それを乗り越える能力を高める。

　アルフォンゾ，ディードラ，トム，ジャッキーは，過去を「聞く」という意識的な努力をすることで，祖父母であることのすばらしさを体得

した。家族や地域の過去の話を「聞く」経験を積むうちに，将来の目標や可能性につながりそうな有効な手がかりを「聞く」能力もついた。結果的に，彼らは聞き上手の人間になっただけでなく，家のなかでも外でも存在感のある人間になった。

未来のために聞く

　先見の明をもった人間であるためには，祖父母は過去のことを聞き集めるだけでなく，人生の諸問題を解決する力を養っておくことが大切である。「特別な役割」を持つ祖父母は，過去の家族関係を理解すると，現在家族内で起こっている問題やジレンマも上手に扱えるようになるとやがてわかってくる。さらに，地域の人や親類から過去の話を聞きながら，生活に根ざした長期的展望を描くことも重要である。そういう姿勢が社会に貢献する人間を作り出すのである。

　「未来のために聞く」とは，新しいものの可能性をキャッチすることと，過去および現在の環境の限界を見極めることを意味する。アルフォンゾは，自分に祖父母の記憶がないから祖父になる方法がわからないと嘆いてみたところで，将来に何の展望も生まれないことを知った。息子や孫が将来を生きていくためには，祖父役をこころよく引き受け，現在の家族と地域社会のネットワークやサービスを最大限に活用するしかないのである。ディードラは，彼女自身の現在と未来を考えなければいけないことに気づいた。過去を嘆き悲しんでいても，彼女にとっても孫にとってもプラスになることは何もないのである。トムは，今の危機的状況を，無視したり否定したりせずにありのままに受け入れること，娘と孫娘に真剣に積極的に向き合っていくことが必要だとわかった。彼にとっての「特別な役割」は，十代の娘とその幼子を守ることだと決めた

ことで，娘のつらい境遇から，逃げずにつきあっていく覚悟ができた。ジャッキーも，子ども時代に祖父母とのかかわりがあまりなかったという負い目から解放されると，家族と社会に未来への展望が広がっていることを知った。こうすべきだと思う気持ちにブレーキをかけず素直に従ってみると，ジャッキーは生き生きした祖母になった。そして看護婦という仕事を通して，より社会に貢献できるようになった。

　未来を確実に予測できる人などいない。だが，「特別な役割」を持つ祖父母は，今何が起こっているかを「聞いたこと」と，過去に何が起こったかを「聞いたこと」に結びつけることによって，未来をプラスに導く予測能力をつけることができる。このような観点から具体的にどうすればよいかをここに挙げる。

1．自身と孫たちの心の安定に欠かせないものを育てる。
2．現在の家族や社会がどんな状態であっても，それをプラスに変えていこうとする姿勢を保つ。
3．孫たちの積極性や創造力を伸ばす手助けをする。
4．状況をよく聞き理解した上で，現状を変える必要があると思ったときは，具体的な提案をもって，現状維持派の人たちに立ち向かう。
5．今の苦悩からどう脱け出すか，未来に希望と目標を見つけるにはどうしたらよいか，人に教える。
6．人に意見を求め，その人が「聞いた」ことに耳を傾ける。
7．助言を求めている人には，適切に応える。
8．意義と目的と方向性を定め，それらを輝ける未来に向かわせる。
9．偽りではなく真実に耳を傾ける。そして正直なひと，思いやり

がある人に囲まれた暮らしをする。
10．孫やほかの人々が，夢を自力で実現できるよう支援する。

　人生とは今まさに進行中のものであり，そのなかで「特別な役割」を持つ祖父母は，さまざまな世代の家族や地域の人びとを結びつけ，人類の環境をよりよいものに変えてゆく重要な立場にいる。私たちの未来は，私たちが現在行っている無数の意思決定にそって作られる。「特別な役割」を持つ祖父母でいるということは，みんなのためにいい未来を作るための意思決定をしていくことなのである。

　アルフォンゾ，ディードラ，トム，ジャッキーは，「聞くこと」を重ね，未来に向かって前進できる地盤作りをした。「聞く」力をみがくことで，家族や地域の従来のなれ合い関係がもたらしていた悪影響に気づくことができた。「聞く」力がみがかれるにつれて，徐々に，だが確実に，他人に利用されたり，つまはじきされたり，無視されることもなくなった。家族や地域の過去と現在の問題点に注意をはらい，より満足のできる未来にするには何が必要かを「聞いて」まわることで，彼らは自然とその家族や地域の中心人物となっていった。

　アルフォンゾは，障害を負った息子にかわって孫を育てただけでなく，自分自身がもっと働きがいを感じられる仕事へと転職した。彼は人間として強くなり，その変貌ぶりは，家族だけでなく地域の人をも驚かせる結果となった。トムは，十代で母になった娘を応援してやることにし，さらに，地域における悩みを抱える十代の相談員になるというボランティアの仕事を引き受けた。他人に関心を寄せ，他人の幸せのために働くことで，トムは自分自身も幸せになったし，また頼りにされているという満足感を得ることができた。

ディードラは，自分の家族史をまとめあげようと決意し，さらに家族以外にも新しい交遊関係を作った。貴重な出会いやふれあいを重ねるうちに，ディードラは情緒が安定し，安心感を持てるようになった。自分の心配事をすすんで人に話せるようになり，また，人にも助言を与えられるようになった。ジャッキーは，看護婦としての仕事に以前よりずっと生きがいを感じるようになり，孫たちの将来設計の相談にのってやるようにもなった。「特別な役割」を持つ祖母として孫や家族や地域のために生き生きと暮すジャッキーの姿は，孫たちに，勉強や仕事に情熱を持ってとりくむことの大切さを教えた。

　さまざまな人の話にさまざまな場面で耳を傾け，状況を比較するだけでも，もちろん成果は十分期待できる。しかし，祖父母が目標に立ち向かうには「見ること」と「話すこと」も同じように重要な要素である。「聞くこと」「見ること」「話すこと」は，「特別な役割」を果たそうという祖父母が，最初の一歩を踏み出すための出発点として，たがいに補完しあう三大要素である。

　単一の手段だけで物事を判断したり行動に移したりしても，長期にわたる成果は期待できない。「聞くこと」は，「見ること」や「話すこと」と切り離したり組み合わせたりして使う手段のひとつにすぎないと認識しなければならない。祖父母の「特別な役割」を計画し実行するときの出発点として，「聞くこと」「見ること」「話すこと」の技術を使う——そうすれば可能性や選択肢は確実に広がる。次の二つの章では，この三種類の技術を，単独で，あるいは組み合わせて，どう毎日の生活で応用すればよいかについて述べたい。

第4章　　見ること

　祖父母が「特別な役割」を持った人生を歩み始めると，自分自身と自分をとりまく人間関係を今までとは違った角度から「見る」ようになる。さらに家族や社会を何とかいい方向に変えていきたいという強い意思を持つようになるため，自分の行動を変えるきっかけを「見る」ことができるようになる。「見る」には，自分の気持ちや直感を通して「心の目で見る」ことをさす場合と，身体生理学的に事物を「三次元的に見る」ことをさす場合があるが，どちらも，「聞くこと」や「話すこと」と同様，存在感のある役に立つ祖父母になるための大切なステップであることに変わりはない。

　「見ること」も「聞くこと」と同じく意識的におこなえば，現在身のまわりで——特に家族や地域や社会で——起きていることに敏感になり，過去に起きていたことと見比べることができる。「見ること」が特に有効なのは，祖父母がさまざまな世界を発見し，自分たちの世界と関連づけるのに役立つゆえ，彼らがそこから目的を果たすのに最適な方法を選び出し，行動することができるようになるからである。

　「見ること」は「聞くこと」と同じように，自らの体験はもちろん，他人の体験を通してもおこなえることである。自分の目で見るばかりでなく，他人が見たり伝えたりしたことがわかると，複雑な状況も視覚的

に理解できるようになるのはよくあることである。考え方や感じ方を視覚的に他人と共有する手段は，たとえば，手紙や記事を書く，絵や地図を描く，写真を撮る，家財を収集する，遺言書や契約書を精査する，出生記録や婚姻，死亡記録を調べる，思い出の品を眺めるなどがある。Eメールを交換する，というのもそのひとつである。家族や隣人にはコンピューターにアクセスできる人はまだそれほど多くないかもしれない。だがそれ以外にも，視覚によるコミュニケーション，あるいはシンボルを介しての情報伝達は，生活のいたるところでいろいろなかたちで存在している。

　私たちは日常の会話のなかでよく，問題や状況を広い視野で見るようにと言う。家族や社会に貢献するつもりなら，そこで起きるこみ入った事態を直視することを避けては通れない。そして忘れてはならないのが，広い視野でものごとを見るのに，祖父母という立場はうってつけだということである。なんといっても，世代間をつなぐ拠点に位置しているのだから。過去の世代の人や家族，地域の歴史に直接つながっている，あるいはもっとも近い存在であるため，祖父母は他の人より「過去の視点」からものごとを見ることができる。

　イシュメール，サラ，ユンホー，エレンは，孫にはいつも最善を尽くしたいというタイプの祖父母だ。結婚して30年以上になるイシュメールとサラは，あくまで家風と伝統にしたがって四人の孫息子に接している。厳しく信心深く育てれば，どんな境遇になっても人生の活路を自力で開いていける人間になれる，と信じている。ふたりは孫息子たちに，正統派のユダヤ教やヘブライ語を教科書を使って教えている。

　ユンホーも伝統崇拝主義者だ。孫と過ごす時はほとんどいつも，中国での暮しや家庭を想像させるようにしている。ユンホーの両親は，彼が幼いころアメリカに移住してきたが，ことあるごとに中国から持ってき

たたくさんの思い出の品々を見せては，中国人であることを忘れないように子どもたちを育てた。

エレンは逆に，孫たちには時代に対応した現代的な暮し方をさせたいと思っている。エレン自身も若いころから自立心が旺盛すぎるくらいだった。営業ウーマンとして，ライバルとしのぎを削りながらこの年まで勝ち残ってきた彼女は，孫にも同じように仕事のできる女性になって欲しいと思っている。

「暮らしのなかでいちばん大切なことは宗教です」とイシュメールは言う。「ユダヤ教について孫息子たちに教えているとき，私はとても幸せです」

「あの子たちが大きくなっても，きちんとしたユダヤ人家庭を作ってもらいたいの」とサラは言う。「そのためにも，小さいうちから神様にお祈りしたり，儀式に参加したりする習慣をつけておかないと」

ユンホーは思い出をこう語る。「両親は私に，とても生き生きとした中国のイメージを与えてくれました。私も孫たちに同じことをしてやりたいと思います。そして本当の中国の生活とはどういうものかを教えていけば，孫たちもゆくゆくは中国人の家庭を築くことができると思います」

エレンは，自分のやり方に少し疑問を感じながらもこう言う。「どんな家族が最良なのか，私にもわかりません。ただひとつ言えることは，孫たちに人生を楽しんでもらいたいということです。人とうまくやっていく，自分の責任は自分でとる，社会で役立つ人になる——孫に望むのはそれだけです」

イシュメール，サラ，ユンホー，エレンは，孫の将来をどうしたいか，それぞれはっきりした方針を持っている。イシュメールとサラは，

孫の教育に関してほとんど同意見である。ユンホーも，孫に伝統を継承したいという確固とした信念を持っている。それに対してエレンは，孫の将来や可能性に柔軟な姿勢で臨んでいる。祖母としての教育方針や信念は，ほかの三人に比べると強いとはいえないが，自分自身をパイオニア精神に富んだ冒険家だと自負している。自分自身も孫も，伝統に縛られることなく，人類全体の幸せのために尽くしたいと願っている。

　「特別な役割」を持つ祖父母は，現実を直視する力をつけ，よりよい未来の建設に励む。家族や地域の過去の人間関係や伝統に精通するだけでなく，現在の変化をいち早くとらえ，未来へ向けての行動を積極的に起こす。そして自分さえよければいいという排他的な行動を慎み，みんなで幸せになる方向をめざす。すなわち一握りの優秀な人間だけが生き残る世界ではなく，すべての家庭が，地域全体が，社会全体が幸せになる世界をめざす。こうした行動は，目の前にある現実と潜在的な可能性をできるかぎり広い視野で「見ること」から生まれる。

　「見ること」は，私たちを過去と未来の両方に運んでくれる。現在を「見る」ことは，過去を理解し，未来を計画するための第一歩である。イシュメール，サラ，ユンホーは，過去を見る目はありすぎるほどあるが，現在と未来の展望をふくらますことができない。エレンは，過酷な仕事にもまれるうちに，過去をながめる余裕を失ってしまうかもしれない。だが他の三人に比べれば，過去はあくまで現在と未来を考えるための参考書にすぎないということをよくわかっている。加えてエレンのものの見方は，イシュメール，サラ，ユンホーのそれに比べると，社会全体についての知識に基づいている。そのため，彼女の「特別な役割」が他人に与える影響は，ほかの三人のそれよりも強いといえる。

　「見ること」をとおして，「特別な役割」を持つ祖父母は少なくとも次のような目標を果たす。

1．「見ること」は，日々の暮らしの中で祖父母に目的，意義，方向性を与える。
2．「見ること」は，家族と地域の人びとについての理解を深め，その結果，祖父母の行動を価値のあるものにする。
3．「見ること」は，親戚や地域の人々とコミュニケーションするときのひとつの方法である。多くの情報のなかから核となるものを抽出し，関連することすべてに視野を広げることができる。
4．「見ること」は，個人にとって欠くことのできない行動であり，それによって過去を再構築し，未来のイメージを描く助けとなる。
5．「見ること」は，変革のための手段である。なぜなら家族や地域に蓄積された問題に光をあてることで，解決の糸口をつかむことができるからである。
6．「見ること」は，他人と意思疎通するとき最初に使う象徴的な手段である。目で見てわかる，という原始的な方法は，口頭伝達や会話よりずっと効果がある。

過去を見る

　過去を見るときは，自分の目を通して見るだけでなく，他人の目や経験を通して見ると，真実に近づける。家族の資料や地域の記録を集めれば，過去と現在を知るうえでの貴重な資料となる。また，親戚の写真を焼き直してもらったり，家族のあいだで交わされた手紙のコピーをとらせてもらったりできればなおよい。それらは家族の過去と現在を映す唯一無二の資料になる。

祖父母はたいてい，死んでしまった親戚の者の名前やその人たちの近しい交遊関係などを覚えている。そのため，家宝家財や伝来の品々を眺めながら，故人の人となりを思い出すことができる。これは大変重要なことである。過去の家族の関係が，視覚的に伝わるシンボルのようなものを生み，それが今日の家族関係や対立関係にまで影響していることはよくあるからである。たとえば，遺言書を読んでいて，あるいは家族写真をじっくり眺めていて，なぜこの人だけが，なぜこの一家だけが，ほかの家族から疎遠になっているか，突然理解できたというような経験はないだろうか。祖父母は，そういった目から入る情報を解読するのが得意だ。若い人に比べて時間もあるし，根気もある。そしてなんといっても，家族や地域の姿をはっきり見える部分と隠されている部分の両面から把握しようという気構えができている。

　イシュメール，サラ，ユンホーは，過去としっかりつながっている。何世代にもわたって受け継がれてきた行動パターンに精通しているし，曽祖父母や大叔父大叔母の記憶も鮮明である。だが，彼らは過去にこだわって，故人から受け継いだ宗教的文化的シンボルを守ることや，家族の回顧録を集めることに莫大なエネルギーを注いでいる。過去にばかり目を向けているために，現在や未来を眺める余裕がない。

　一方，エレンは家族につながる物品をほとんど持っていない。自分の祖父母につながる写真や道具を見て楽しかった子ども時代を思い出すような経験はまるでなかったため，大人になってからはずっと，過去を振り返る気持ちは遠ざけてきた。また，彼女自身の人生において，家族と疎遠だったことと，職業を持つ女性としていつも気を張って生きてきたこととの間に，何か関係があるなどと考えたこともなかった。しかし次のようにも考えられないだろうか。エレンは，家族としっかり結びついているという安心感と安定感をもてなかったために，職場のストレスや

ライバルとの競争に必要以上に敏感に反応し，傷ついてきたのではなかろうかと。

　「特別な役割」を持つ祖父母は，過去をすでに起きてしまった変えようのない事実と見なし，それをもとに前向きに現在と未来のための意思決定をし，行動を起こそうとする。つまり前世代の家族関係のごたごたを整理して，しがらみから自分を解放すると，こうありたいと願う人間像を自由に描き，実際にそれを追求するのである。

　イシュメール，サラ，ユンホーは，過去の家族のやり方に執着しすぎたために，現在を自分らしく生きていなかったことに気づき，凝り固まったものの見方を徐々にゆるめていくようにした。過去を「見る」ことは祖父母の責任の一部分にすぎないと悟ってからは，孫に対して一方的な価値観を押しつけるような接し方をしなくなった。

　エレンも，過去を「見る」ことで，祖母としても働く女性としても，もっと豊かな人間になれると気づくようになった。家族の過去をあらためて見直してみると，前の世代の女性たちがどれほどがんじがらめにされていたかがわかっただけでなく，なかにはそんな束縛から逃れて自分の道を切り開こうとがんばっていた女性たちもいたことを知った。また，彼女の住んでいる地域の歴史を調べて，他の地域との交流や変化を拒んでいるかのような封建的色合いが濃く，それが女性の自立を阻んでいたこともわかった。こうして過去を検証した結果，エレンは自分の生き方にあらためて自信を持つことができた。広い視野を持つことで，以前にも増して勇気を持って目標に向かいつづける心構えができたのである。

未来を見る

　何らかの展望を持つことは，家族や社会の変革を推し進めるうえで重要なことである。自分たちのことを，従来どおりのどこにでもいるような祖父母だと考えようと，「特別な役割」を持つ祖父母だと考えようと，私たちの展望——自分自身を見る目——は，かならず行動に反映される。私たちは「誰」でいたいのか。どんな人間になりたいのか。その「自分自身を見る目」にしたがって，私たちはたくさんの選択肢の中から自分の行動を決定する。「自分自身を見る目」に素直になれば，周りの意見や慣習に流されることもない。「自分自身を見る目」と目標をしっかり定めれば，長い時間をかけて家族や社会に貢献しつづけることができる。

　つまり，展望を持って臨む態度を意識的にとることで，とるべき道は決まってくる。「特別な役割」を持つ祖父母であるという自覚を高める——そうすれば，家族や社会をよくしていこうという行動に，おのずと拍車がかかる。

　イシュメールは，「特別な役割」を持つ祖父として生きようと決心したとき，彼の強い信仰心を社会に広く還元できることに気づいた。ユダヤ教について，孫に教えるだけではなく，ユダヤ教教会の学校でも説教をはじめた。そこで多くのユダヤ人家庭と知り合いになり，彼の活動は説教にとどまらず，地域の集会で演説をしたり，公立学校で講演をしたりするまでに広がった。イシュメールは，自分の関心と貢献の対象を広げたことで，孫たちが精神的に求めているものに敏感になり，今まで以上にさまざまな活動を孫たちと一緒にするようになった。

　サラも自分の関心をより広い社会にひろげるようにした。里子の祖父

母になるという「フォスター・グランドペアレント・プログラム」の活動に参加し，自分の孫たちもその活動に引き入れた。広い世界に出ていき，家族以外の世界で起きていることを見たり知ったりすることを通じてよりよい未来をつくりたいというサラの希望は，孫たちのためになった。孫たちは，ユダヤ人家庭の一員であることを意識すると同時に，それを超えた世界や人生に触れることができたのである。

「特別な役割」を持つ祖父になったと自覚することで，ユンホーも，未来にもっと目を向けるようになった。伝統への一方的なこだわりは，昨今の中国の政治，文化の変化を否定することになるのではないか。自分より前の世代の中国人思想をやみくもに孫に押しつけてもあまり意味はないのではないか。そんなことにもようやく気づいた。だからといってアメリカ文化に完全に同化したくはなかったので，ユンホーは近くに住む中国人たちと新たな交遊関係を作り始めた。こうして付き合いの範囲を広げていくうちに，中国人はもちろん，アメリカ人とも協力しあえることがたくさんあることに気づいた。孫たちを新しい世界に引き入れ，中国人の血が流れていることを誇りに思う気持ちと，同時にこれからの可能性を大切にする気持ちを植えつけた。こうしてユンホーの孫たちは，中国の伝統と遺産を守りながらも，新しい時代に即した考え方を身につけたのである。

エレンは，もうすでに死んでしまった親戚の女性たちの話を，孫に聞かせることから始めた。そして過去の女性たちが示した自立心をもとに，エレン自身は社会のために何ができるかを模索しはじめた。こんなにもすばらしい生き方をした人が親戚のなかにいたのだという話に刺激されて，孫たちも過去とのつながりを再認識した。エレンは以前にも増して一生懸命仕事をするようになった。昔の女性たちが果たせなかった目標にチャレンジするという，未来への展望を築くこともできた。家族

への帰属意識を強めたことで，情緒も安定し，エレンは以前にも増して力強く前進し，まわりにいい影響を与えながら，次第に「特別な役割」を持つ祖母になっていったのである。

　まとめてみると，「特別な役割」を持つ祖父母は「見ること」をとおして，生きがいのある人生を求めている，といえる。祖父母であること自体はそれだけでも十分意義のあることであるが，さらに祖父母としての付加価値を高めることはもっとすばらしい生き方である。「特別な役割」を持つ祖父母になるためのいくつかのチャンスに気づくには，次のような場合がある。

　　1．家族の過去，現在，未来それぞれにおける行動パターンの関係を見る。
　　2．地域の過去，現在，未来それぞれにおける傾向の関係を見る。
　　3．歴史的視点から，現在の家族，隣近所，地方自治体，国それぞれの関係を見る。そこから自分がどんな貢献ができるかを見出す。
　　4．そうして得た広い視野の知識を，どうやって孫に伝えるかを見出す。

　イシュメール，サラ，ユンホー，エレンは，自分たちにとっての「特別な役割」を定めることで，自分の世界を広げ，祖父母についての考え方を変えることができた。この過程をとおして，自分たちの本当の気持ちに正直になり，その結果，孫たちの，家族の，地域の，社会の役に立つことができた。

　イシュメールは，深い信仰心と地域の一員としての責任をともに果た

すという，バランスのとれた生活を手に入れることができた。世界の見方が広がったおかげで，時事問題にも関心が深まり，また，説教を始めたことで地域社会と密接に関わるようになった。

サラは，「フォスター・グランドペアレント・プログラム」の活動をすることで，家庭という安全地帯から外の世界へ飛び出すことができた。他の家族の面倒を見るうちに，彼女の世界も広まった。その姿を見た孫たちも，恵まれない境遇にいる人びとを理解し，支えてやることが，どんなに重要なことかを学んだ。さらに，サラの信仰心が，数々の社会の障壁を乗り越えるのに彼女をどれほど勇気づけているか知ることができた。

ユンホーは，中国人仲間と交流を始めたことで，仕事上の取り引き先を得たばかりか，新しい友人までできた。そして中国人としてのアイデンティティーを失うことなく，アメリカ社会に溶けこめて喜んだ。講演会やコミュニティー活動をとおして，また何気ないおしゃべりをとおして，昨今の中国事情にもずっと詳しくなり，その知識を孫に伝えることができた。つきあいの範囲を広めたおかげで，ユンホーは孫に対しても，以前より柔軟に寛容に接することができるようになった。

家族のルーツに新たな価値を見出したエレンは，仕事上のトラブルに対しても短気を起こさず落ちついて対処できるようになった。しっかり家族に根付いているという気持ちが安定感と安心感につながり，些細なことに腹を立てず，大きな目標と希望に向かってゆったりと冷静に行動できるようになった。孫たちも，エレンが肩の力を抜いて接するようになったことを喜び，以前よりも一緒に過ごしてくれるようになった。孫たちは，エレンから不倒不屈の精神と忍耐心を学び，また，家族の歴史にも興味を持つようになった。

「聞くこと」と「見ること」に，「話すこと」を加えることで，人は

「特別な役割」を持つ祖父母になれる。そこで次の章では，「話すこと」の大切さについて述べよう。「話すこと」は，新しい知識を発展させ，家族の絆を生み，あるいは復活させ，そして忠誠心を養うための一方法である。「聞くこと」も「見ること」もどちらも「話すこと」に関連性が深い行為である。だが「特別な役割」を持つ祖父母になる大切な出発点として，家族あるいは地域との関係を理解し，その関係を構築するためのアプローチの仕方を変えることは実際の役に立つ。

第5章　話すこと

　「話すこと」は「特別な役割」を持つ祖父母になる出発点の，三番目の手段である。「聞くこと」「見ること」同様，「話すこと」も，過去と現在のつながりに対する意識を高め，理解を深め，知識を増やす。

　「特別な役割」を持つ祖父母は，家庭内でも地域でも重要な役割を果たす。世代をつなぐ拠点にいるため，家族や地域の中心人物を把握しており，過去の出来事にも通じている。だが，家族や地域社会のすぐれた点を知識としてしまいこみ，求められたときだけ出すのでは不十分だ。家族のエピソードや歴史，地域の出来事など，祖父母の持っている知識は，他の人も使えるようにしてこそ価値がある。「特別な役割」を持つ祖父母は，必要な情報を絶えず収集し，さまざまな人との接触をとおして現在家族や地域が抱える問題を探り，知っていること信じることを積極的に口に出すべきである。

　「特別な役割」を持つ祖父母の話に，すべての家族や地域住民が耳を傾け，うなずいてくれるとはかぎらない。重要なできごとなど，どうしても人に伝えたい情報を，聞き流されずにしっかり受けとめてもらうために，「特別な役割」を持った祖父母なら，ちょっとした工夫を考えてみてもいいのではないか。たとえば家族の歴史をテープに撮るとか，家族通信のようなものを発行するとか——聞く耳を持たない人には，それ

なりの反復行動をとる作戦を練るなど——。そんな思考錯誤の中で，祖父母の話術も磨かれるはずである。

　過去の話をうまく話すコツは，時と場所を選ぶことだ。人の言うことを受け入れやすい気分になっている，しんみりした会話の最中に，祖父母がさりげなく過去の事実をまじえながら，話をまとめていければ最高である。もっともビデオテープやカセットテープのような一方方向のメディアを使うときは，話すタイミングはそれほど関係ない。

　効果的な話し方に必要なのは，何といっても，押しつけがましくない気楽な口調である。決して命令口調であってはならない。本当に言いたいことを伝えるには，ユーモアや面白いエピソードをはさんだり，時には少々不謹慎なことを引き合いに出すくらいのほうが，聞き手の関心を引きつけられてよい。真実が極端に粉飾されたり曲げられたりするのでなければ，ある程度の脚色は許される。むしろ，気軽に，圧力をかけない語り口でどんどん伝えていく——つまり聞いてもらう——ことのほうが大切なのである。

　メルセデス，エンリケ，ローラ，キースは，自分たちの家族についてかなりの情報を持っているが，それをすすんで孫たちに話したがらない。昔の話ばかりする古くさい人間だと思われるのがいやで，孫たちとはもっぱら時事的なことばかり話している。彼らが過去のことを話したがらないのは，家族や地域の中で自分たちの存在価値に自信がないからでもあり，また，自分の話すことなどたいして重要ではないと思っているからでもある。

　メルセデスとエンリケは結婚して28年になる夫婦だ。アメリカに移住してくる前はベネズエラにいたが，年月を経るうちに，ベネズエラの思い出は封じこめてきた。過去の記憶がぼんやりしているせいもあって，夫婦は孫に祖国のことを話すことはほとんどなかった。しかし，二人が

自分たちの価値をあまり認めていないのに対して，アメリカ人である孫たちの方は，おもしろいおじいちゃんおばあちゃんだと慕っている。

　ローラは二度も離婚したことを恥じていた。孫が幼いうちはそのことを隠していたが，大きくなってそういう質問もできるようになった今，失敗した結婚生活の真相をある程度は話さなければならないと思っている。もちろん孫たちも，ローラの経験談から得るところもあるに違いないのだが，ローラは自分の話などいい例にはならないと，あまり詳しくは話したがらない。

　キースは家族とそれほど親しいつきあいをしてこなかった。キースの娘が，子どものためにもいいおじいさんになってやってと言うので，仕方なくそうしている。自分から孫に会いに行ったりどこかへ連れて行ったりすることもないため，孫もキースになつかない。キースは頼まれたときだけ責任を果たせば十分だと思っているが，娘は，キースの孫に対する無関心な態度に不満を持っている。ただキースも，これ以上どうやって孫との距離を縮めればよいのかわからないため，娘の思いとのすれ違いは深まる一方であり，本心では娘や孫との絆を深めたいと思いつつ，実際は諦めてしまっているのが現状である。

　メルセデス，エンリケ，ローラ，キースの四人も，自分たちの過去についてもっと積極的に「話すこと」をすればさらに存在意義のある祖父母になれるとわかっているはずである。なのにそれを行動に移せないでいる。その理由は，あまりに個人的な昔話のようなものをどうやって伝えればいいのかわからず，また，それで本当に孫との日々の関係が改善されるのかどうか確信が持てないからでしかない。

　「ベネズエラでの生活を孫に話すことなんて考えたこともありませんでした」とメルセデスは言う。「それにあの子たちだってそれほど知りたい

と思わないんじゃないでしょうか。ベネズエラに住んでいたのは遠い昔のことで，今ではまったく変わってしまっているでしょうね。私たちはアメリカに来てから人生をすっかりやりなおしたんです。ここでの生活がすべてなんです」

エンリケもこう言う。「ベネズエラの家族のことはあまり覚えてないんでね。こっちに来てから，あっちの親戚と連絡をとることもなくなったしね。移住してきたのは俺たちだけだったんだ。誰かが訪ねてくることもなかった。俺たちだってベネズエラにそうそうは帰れない。なんてったって金がかかるからね。両親が死んでからは電話することもなくなっちまったな」

「わたしは自分の結婚がうまくいかなかったことが恥かしいんです」とローラは言う。「あんまり過去の話はしたくないんです。それに孫たちだって，おばあちゃんの失敗した結婚話なんか聞きたくないでしょう。とにかく過去のいやなことは忘れて，わたしの今のいい面だけを見せてあげたいと思っています」

キースははき捨てるようにこう言う。「本音を言えば，家族と一緒に過ごしたいとはあまり思わないんだ。娘がどうしてもって言うもんだから孫の相手をしてやっているが，それで何かいいことでもあるのかね。世の中のじいさんばあさんは，なんでああまでして息子や娘や孫に気に入られようとしてるのか，さっぱりわからないよ」

メルセデス，エンリケ，ローラ，キースに，祖父母の「特別な役割」を自覚させるのは骨が折れそうだ。だが，過去からはかならず前向きな考えが引き出されるし，思い出したくないことを話すのも時には意味のあることである。メルセデス，エンリケ，ローラ，キースの四人にとって必要なことは，過去と現在の何がいちばん大切かをあぶり出し，それ

を孫に伝えていくことである。孫たちは，上の世代の家族が経験したことを知るべきなのだ。なぜなら祖父母の話を聞くことで，同じ過ちを将来繰り返さずにすむかもしれないし，あるいはもっといい生き方を選べるかもしれない。とかく悪い習慣や傾向というものは，同じ家系の中で次の世代へ次の世代へと引き継がれてしまうものだが，「特別な役割」を持つ祖父母が率先して語ることにより，その悪循環を断ち切ることもできる。「話すこと」は，家族や地域の次世代の可能性を広げることになる。

　「話すこと」は，家族や地域で見聞きしたことを表現する究極の手段である。「聞くこと」と「見ること」をとおして記憶をよみがえらせ目覚めた祖父母は，「話すこと」ではじめてその知識を次世代に伝えることができる。孫たちも，親戚も，地域の若い人たちも，「特別な役割」を持つ祖父母から聞かされる話をとおして，人とのつきあい方や状況の変え方を学んでいく。

　人は「話すこと」で，過去を作り上げたり壊したりすることができ，そこから自由に未来を思い描くことができる。「話すこと」は祖父母の「特別な役割」意識を高め，家族や社会を見る目を広げる。「話すこと」を通じてさまざまな考え方をするようになるため，物事を客観的に本質的にとらえる力がつく。「聞くこと」，「見ること」，「話すこと」は，私たちの過去，現在，未来の真の姿をとらえる力を研ぎ澄ましてくれるからである。

　家族に話す時と場所を選ぶには，「話すこと」の最大の効果を知る必要があるだろう。それぞれの理由によりこれまで孫に過去の話をしてこなかったメルセデス，エンリケ，ローラ，キースも，話すことの大切さに気づき，勇気がわいた。「話すこと」には次のような可能性を引き出

す利点がある。

1. 「話すこと」で，家族や地域住民の関係が深まる。
2. 「話すこと」は，日常のつきあいを実りあるものにし，家族や地域の絆を強める。
3. 「話すこと」は，歴史や知識の空白を埋める。そうすることで，若い世代は，蓄積された英知や知識を利用しやすくなる。
4. 「話すこと」は，見聞きしたことの成果を表現することであり，そのため祖父母はコミュニケーションの担い手となれる。
5. 「話すこと」で，祖父母は家族や社会をよい方向に導くことができる。また，何でも言い合える雰囲気の中では，参加者全員が恩恵を受けられる。
6. 「話すこと」で，漠然とした情報が形をとってくる。そのため家族や地域のできごとも，単なる情報から歴史に変わる。
7. 「話すこと」は，物事の客観性と真実を確かなものにする一手段である。事実がゆがめられたり定型化されたりするのを防ぐ。
8. 「話すこと」は，家族と社会の橋渡しをする。したがって若い世代を，広い世界へ連れ出すことになる。
9. 「話すこと」で，新しい将来像が生まれ，若い世代にそれを伝えることができる。
10. 「話すこと」は，お互いの関係を対等なものにする。そしてお互いは対話を通じてともに成長する。

メルセデス，エンリケ，ローラ，キースは，孫たちに自分たちの過去の話をすることで，家族に変化をもたらし，世界を広げることに成功し

た。もちろんはじめは気が進まなかったとしても，やってみて反応は上々，孫との距離はぐっと縮まった。この四人は，「話すこと」をとおして自分の過去を見つめ，未来へ踏み出すことに成功したのである。

過去を話す

　家族や地域社会には，文書として記録された歴史が存在しないのがふつうであり，したがって，語り継ぐという手段がとても重要になってくる。家族や地域社会のなかで力を持っている人というのは，概して，歴史に通じている人であることが多い。

　過去の正確な姿をとらえようとする場合は，いろいろな方面から情報を集めるのが望ましい。一個人の見方だけでは，全体像を把握できない。過去を知ろうとする祖父母は，できるだけ多くの人と連絡を取り合い，過去について語り合うのがよい。

　メルセデスはベネズエラの家族の情報を集めようと，今まで何年も連絡をとっていなかった親戚に電話をしたり手紙を書いたりした。そして彼女がベネズエラを去ったあと，どんなことがあったのかを知り，特にここ20年のあいだに，近しい親戚が相次いで亡くなったことを知って悲しんだ。また，当時はまだ結婚していなかったきょうだいやいとこがその後結婚し，甥や姪ができていたことも知った。

　エンリケもメルセデスのやり方に習い，昔の親戚と連絡をとったり，新しい親戚とのつきあいを始めた。家族のことをもっと知りたいと思うようになるうち，一番下の弟がベネズエラでやっている商売にも手を貸すようになった。数ヶ月後には，エンリケはメルセデスを連れて実際にベネズエラを訪れた。アメリカに移住してから，故郷へ帰るのはこれが二度目だった。エンリケにとってこの旅行は，アメリカでの生活を故郷

の家族に語るためであると同時に，いつか孫をベネズエラに連れてくるための予行演習でもあった。

　ローラも勇気を出して，家族の歴史を直視する作業にとりかかった。両親や祖父母の代にまでさかのぼって情報を集めてみたところ，結婚生活に苦労していたのは彼女だけではなかったことを知った。確かにローラの二度の結婚生活は喧嘩に明け暮れたものであったが，離婚のときは比較的穏やかに決着しており，歴代の他の女性たちが受けた屈辱に比べればましなほうである。どちらかというと悲惨な家族の歴史をふりかえって，ローラは愉快な気持ちにはなれなかったが，それでも自分の問題を客観的に見ることができるようになった。それに，彼女は二度の離婚を経験したことで，自分自身が強くなり成熟したと気づいた。親類縁者の悲惨な話を聞くうちに，ローラはますます自分の過去の話を孫たちに聞かせてやる必要性を感じた。孫たちが将来，ローラよりも満足できる結婚生活を築くためには，彼女が「話すこと」が必要だとわかったのである。

　キースは，家族との距離のとり方の難しさについて，娘のいないところで親類と話し合ってみた。すると，やはり兄が同じように家族を疎ましく思っていること，祖父であることを苦々しく思っていることを知った。妹にも話を聞いてみると，両親が晩年，キースの兄弟姉妹の一人ひとりとどうかかわってきたかを詳しく知ることができた。そのことから，これからも兄弟姉妹とは定期的に連絡を取りあう必要性を痛感した。家族とつながっているという実感を得て，孫とももっと深くかかわっていこうという気持ちが生まれた。

　こうして過去を「話すこと」で，メルセデス，エンリケ，ローラ，キースは，家族関係の確固たる基盤を確立することができた。世界が広がり，「特別な役割」を持つ祖父母になる気構えができ，家族以外の社

会にも広く関心を抱くようになった。

未来を話す

「特別な役割」を持つ祖父母がとる行動で，もっとも建設的で先見性に富んでいることは，未来への準備として過去や現在のことを孫に「話すこと」である。祖父母というのは，自分の命の終焉が視野に入っているために，今の時間を最大限に活用して，孫に未来を託そうとする。見聞きして得たものを「話して」伝えることで，自分や他の人の人生における意義と目的と方向性を強化できる。

「特別な役割」を持つ祖父母は，大人の選択をする。長く生きてきたということは，それだけ家族や社会に恩返しする責任があるということ，そして「話すこと」が恩返しになるということを理解している。未来のために話をすると，孫の生活をよくするだけではなく，祖父母自身の立場をよくすることになるのである。

メルセデス，エンリケ，ローラ，キースは，自分たちの家族や地域の変遷を調べてみて，過去の大切さがよくわかり，また過去のできごとが現在や未来に大いに影響することを知った。このように，収集した情報の中から大切なものを抽出する作業は，未来を見据えた行動をするための出発点，いわば発射台となる。

メルセデスは，過去を見直したことによって，ベネズエラの習慣を孫に教えようという気になった。孫にも，祖先とつながっている気持ちを持ちつづけてほしいと思ったからである。エンリケの商売は成功して儲かったので，そのお金で孫をベネズエラへ旅行させ，祖先の国を肌で体験させた。ローラは，直接血のつながりのない前夫の子を，自分の子や孫に紹介した。過去の離婚を隠すことをやめたのである。キースは兄弟

姉妹との交流を再開し、家族の絆を深めた。自分の家族のことを孫に話すようになると、孫との関係はどんどんよくなっていった。

　孫と先祖をつなぐことは、孫の将来のためになる。家族のメンバーをたくさん知っていればいるほど、家族や親類からのけ者にされたり、感情的に不安定になったりすることが防げるからだ。家族としっかりつながっているという安心感と安定感があれば、不良の誘惑に負けたり、依存症になったり、虐待行為に走ったりすることはない。

　メルセデスは、合衆国内で活動しているラテンアメリカ団体のイベントに孫を参加させた。この新鮮な体験は、孫に生きる力と学ぶ姿勢を与えたようだった。エンリケは、孫が定期的にベネズエラを訪ねられるよう手配した。するとベネズエラの親戚や地域団体も、孫を喜んで受け入れてくれて、国境を超えた交流が始まった。

　ローラの孫は、ローラの前夫の子どもの何人かと交流を続けた。おかげでローラは過去の呪縛から解放され、みんなで前向きな未来を考えられるようになった。キースの孫は、キースが家族との交流を再開したことで、自分と同じくらいの年の親戚の子どもと知り合えた。キースの家族の輪は、こうして過去から未来へと広がっていったのである。

　「話すこと」は祖父母にとって、音楽の合成装置、シンセサイザーのようなものである。祖父母が孫に何かを話そうと決めること、知識や英知を伝えて家族のメンバー全員が共有できるものにしようとすることは、とても積極的で意義のある行為である。

　「特別な役割」を持つ祖父母は、独断的な見方や狭い視野にとらわれず、ものごとの真髄を話す。未来に向けて「話すこと」——それは（聞いてもらえる聞いてもらえないにかかわらず）ものごとの真の姿や考えを表現するという、じつに創造的な行為である。

メルセデス，エンリケ，ローラ，キースの四人は，過去に向き合うことで，孫たちともっと積極的に関わることを学んだ。未来へ向けて話し始めて，孫たちは未来へのよりいっそうの機会と可能性を手にした。未来のために過去と現在を「話すこと」は，それだけでもとても意義のあることである。しかし孫たちが興味を持ってくれるか，そこから何かを学んでくれるか，それは必ずしも保証されていない二義的なことである。「特別な役割」を持つ祖父母は，「話すこと」でこそ，存在価値のある人間になれるし，「話すこと」でこそ，達成感と心の平和を得られるのである。

　ここで，「特別な役割」を持つ祖父母が「話すこと」を手段にして実現できることをまとめてみよう。

1. 「話すこと」は，見聞きして学んだ家族や地域の真の姿を表に出す。
2. 「話すこと」は，家族や地域の持つエネルギーを活性化させる。
3. 「話すこと」は，従来の人間関係や価値観，方向性を変えることができるし，あなたの死後の未来に影響を与えることもある。
4. 「話すこと」は，間違ったうわさやうそを正し，家族や地域の問題をオープンに話し合えるようにする。
5. 「話すこと」は，受け身の態度でいることを打ち破ることのできる，具体的な行動手段である。
6. 「話すこと」は，過去の家族関係を復活させたり見直したりするだけでなく，新しい関係を形作るきっかけになる。
7. 「話すこと」は，「特別な役割」を持つ祖父母になるための，

ダイナミックな出発点，すなわち発射台である。
8．「話すこと」は，強力な武器の一つである。ただし，取扱いの注意を守らなければならない。
9．「話すこと」は，真実を伝えるための，気軽な手段である。偏見や独断を伝えるものではない。
10．「話すこと」は，人が生きるための意義や目的，方向性をはっきりさせてくれる。

　さて，これまで「特別な役割」を持つ祖父母になるための三つの出発点について述べてきたが，次に，さまざまな形態の家族で「特別な役割」を行使するにはどうしたらよいかを考えよう。バランスのとれた家族，伝統的な家族，対立する家族，問題をかかえた家族，疎遠な家族，断絶した家族，そして義理の家族と，家族の形態はさまざまで，どこから手をつけてよいかわからないと思うかもしれない。だが「特別な役割」を持つ祖父母なら，共通項を見出すことができる。次の章からは，それぞれの形態の家族で「特別な役割」を持つ祖父母が，どう貢献し，どう変化をもたらすことができるかについて見ていこう。

第2部　「特別な役割」を担う

第6章　　バランスのとれている家族

　「特別な役割」を持つ祖父母の仕事は，バランスのとれている家族を作るという理想をめざすことである。バランスのとれている家族とは，家族一人ひとりが互いのプラスになるように自由に交流する，オープンで活気あふれる家族のことである。バランスのとれている家族の絆は，柔軟でありながらも長続きする。親族間では，世代や性別にとらわれない自由な交流がある。個人はみな対等であるという考え方が基本にあり，各人の状況がどんなものであれ，家族親族の交流はずっと続く。
　生存と繁栄をつづけるために，バランスのとれている家族は社会の変化にうまく適合していく。メンバーの一人ひとりは，互いの親交を絶やさないだけでなく，地域社会との結びつきも保ちつづける。バランスのとれている家族で育った人間は，穏やかで，ものわかりがよく，相互扶助の精神にあふれている。当然のように，大人も子どもも，社会の中で役立つ活動にかかわるようになる。つまりバランスのとれている家族とは家族一人ひとりのニーズに応えると同時に，しっかりした地域社会を作り上げるのにも役立つのである。
　バランスのとれている家族は，メンバー一人ひとりが年齢やそれぞれの立場にかかわりなくいつも自立していられる状況を整える。こんな家族は実際には存在しない，理想の家族だと反論されるかもしれないが，

比較的うまく機能している家族には、これらの特徴がかならず見つかるはずである。したがって、ここでいうバランスのとれている家族とは、現実ばなれした抽象的なものではなく、実際の行動パターンに基づいて想定されるものと考えてほしい。バランスのとれている家族のいちばんの強みは、一人ひとりがお互いを伸ばす方向に作用しあうということであり、そのため全員が、自由に、自分の力を最大限に発揮しながら社会に貢献できるということである。

クレイグ、ピーノ、シェルリーン、それにベッツィーのそれぞれ異なる状況を見れば、バランスのとれている家族というものはそれぞれのやり方でお互いに影響しあっているということがわかる。どの家族の交流パターンも、従来型の伝統的な家族の交流パターンとは一線を画している。この四人は、バランスのとれた家族の一員であるので、個人のニーズが十分満たされており、社会のさまざまな場面での建設的な活動に加わることができている。

クレイグ、ピーノ、シェルリーン、ベッツィーの経済状態、教育水準、人種的特徴はそれぞれ違っているが、行動パターンには明らかな類似点がある。それは四人とも、自分自身と孫に、いいエネルギーを注いでいる点である。ことさら「特別な役割」を意識することもなく、バランスよく家族や地域社会に貢献しているこの四人の姿は、他の祖父母が見習うべきモデルとなっている。クレイグ、ピーノ、シェルリーン、ベッツィーの家族とのかかわり方は、伝統にがんじがらめになっていたり、喧嘩を繰り返していたり、まったく機能していなかったり、心理的な距離ができてしまったりしている他の家族の、または血のつながりに無関係に形成されている義理の家族などの、バランスを取り戻すための目標になる。

クレイグ、ピーノ、シェルリーン、ベッツィーの家族をよく観察する

と，家族のあり方が，どれだけ一人ひとりの生活に強い影響を与えているかがわかる。家族の人間関係がいいと，祖父母は家の内外で生き生きと暮らすことができるのである。この四人の家族は，まったく別の家族であるにもかかわらず，家族の絆がしっかりと結ばれている点で似ている。

　クレイグとピーノは，男ふたりで一緒に暮らして22年になる。クレイグはピーノと暮らし始める前に，5年間，いわゆるふつうの結婚生活を経験した。そのときもうけた子が二人と孫が三人いる。ピーノは結婚の経験はないが，クレイグの三人の孫に対しては，生まれたときから自分の孫のように可愛がっている。ピーノには，甥や姪がおり，その甥や姪の子たちのことも孫同然とみなしている。クレイグの家族もピーノの家族も，ふたりが幼い子どもたちとかかわりあうのは大賛成なので，ふたりは多くの時間を孫や孫同然の子どもたちと一緒に過ごすことができるのである。

　シェルリーンは夫に先立たれて8年になる。二人の息子のもとへたびたび出かけていき，そこで孫の面倒をみる。もちろん孫の養育の中心は親である息子夫婦とベビーシッターであるが，シェルリーンはこうしてときどき孫と直接触れあえることにとても満足している。休暇のときなど，孫を自分の家に連れてきて泊めてやることもある。息子夫婦たちも，シェルリーンが孫の面倒をみたり年寄りの知恵を授けたりするのをありがたく思っており，こころよく孫をシェルリーンの家に送り出してくれる。

　ベッツィーは離婚経験のあるキャリアウーマンで孫娘がひとりいる。離婚したのは何年も前のことで，それ以来，弁護士としてバリバリ働いてきた。ベッツィーは毎年夏になると，別の州に住む孫娘を訪ねる。海外への旅行のときや親戚を訪ねるときには，なるべく孫娘を一緒に連れ

ていくようにしている。ベッツィーの息子夫婦も，ベッツィーが孫娘と仲がいいことをこころよく思っており，ベッツィーが泊りがけで来たときなどは大歓迎をしてくれる。さらに家族も親戚も，ベッツィーの仕事を応援しており，年をとってもずっと仕事を続けてほしいと願っている。

　クレイグ，ピーノ，シェルリーン，ベッツィーは，祖父母であることの責任を真剣に受けとめながらも楽しんでそれをやっているようである。状況は違っても，考え方や行動は似ている。彼らの家族もまた，祖父母のやり方に満足している。

　「もちろんピーノのことが最優先ですよ」とクレイグは言う。「でも，三人の孫のことも大切に考えています。あの子たちにも僕らと同じくらい自由な，いやもっと自由な生き方をしてほしいと思っています」

　ピーノはこう話す。「クレイグは家族と僕を分け隔てたりしませんね。僕らが人生で学んだことを若い人に伝えていけば，未来は変わると思うんです。だから僕なりの方法で，精一杯やりたいと思っています」

　シェルリーンは次のように言う。「休日の計画を立てるときはいつも孫たちのことを考えに入れます。しかしときどき旅行に孫をひとりだけ連れていくことがあるんですよ。その子のことをもっとよく知りたいと思ったときはね」

　「もちろんできるだけ孫の相手をするようにしていますけどね」とベッツィーは言う。「でも，自分の仕事に夢中になっちゃうとどうかしらね。孫のためになるべく時間を割いているつもりだけど，わたしにとっては仕事を続けることも大事なの。わたしが弁護士の仕事をしているのを見せておけば，孫が将来を考えるときにきっといい手本になると思うわ」

クレイグ，ピーノ，シェルリーン，ベッツィーは，それぞれの家族といい関係を保っている。娘や息子，甥や姪と信頼関係ができている。そのためある意味では，孫たち——あるいは甥や姪の子どもたち——の幸福と教育に責任を持って取り組んでいるといえる。さらにこの4人は，仕事や地域活動もしていて，それが息子や娘のいい見本となっている。孫は，たとえ祖父母と同じ仕事や活動に参加していなくても，祖父母の後姿から，真剣に問題に取り組む姿勢というものを学んでいく。このように上の世代から下の世代へ，いい影響が伝えられるのである。

　クレイグ，ピーノ，シェルリーン，ベッツィーのように，「特別な役割」を持つ祖父母は，家族のバランスを整え，人間関係をオープンな状態に保つ。つまり従来の慣習にとらわれず，性別がちがっても，世代がちがっても，家族親族の一人ひとりと対等なつきあいをするのである。そして家族のニーズを満たすだけにとどまらず，仕事や地域活動をとおして，社会全体をいい方向に変えていこうとする。クレイグ，ピーノ，シェルリーン，ベッツィーの4人は，とくに意図することや計画もなしに，長年にわたって家族のバランスを取る役を果たしてきたが，「特別な役割」に目覚めた祖父母は，ぜひとも，バランスのとれた家族を作ることを究極の目標にすることである。祖父母業のなかに，意義と目的と方向性を見出せば，ふだんの行動もおのずとバランスのとれた家族を作るという目標に向かうであろう。バランスのとれている家族を作るのはすばらしいことである。そこで生ずるオープンで柔軟な関係のもとでは，孫もほかの家族も，全員が潜在的な力を引き出しあい，互いにかけがえのない存在となるであろう。

　祖父母がバランスのとれている家族を作り，維持するには次のような

方法がある。

1. 親族のあらゆる人と全方向的に連絡をとりつづける。
2. 家族の中で、特定の人やグループが圧力をかけている場合は、それに屈しない。そうすれば自分の行動に自由と責任が持てる。
3. 年齢や性別で定型化された考え方に疑問を持ち、自立性を高める。
4. 出産、結婚、死去など家族がいろいろな意味で動揺する時期には、とくに意識して、心を開き、助けあい、励ましあうような対話を心がける。
5. 家族に問題が起きないように努める。たとえ起きたときでも、家族や地域のネットワークを駆使して、根気よく支えてやる。
6. 孫の本当の気持ちをわかってやる祖父母になる。
7. 個人的社会的強さを身につける習慣をつける。孫や家族や地域の人びとの鏡になれるように。
8. 孫には、あらゆる機会をとおして、目の前にある障害を乗り越える勇気を与えてやる。そして、長い目で見たときに地域に貢献できる人になるよう励ます。

　祖父母が「特別な役割」に目覚めたからといって、すぐにバランスのとれた家族が生まれるわけではない。だが、家族とのかかわり方を少しずつ変えていくだけでも、全体の流れはやがて大きく変わってゆく。「バランスのとれている家族」への道は、まずひとりが「変わろう」とするところから始まる。関係がひとつ変われば、そのとなりの関係も変わってくる。祖父母に「特別な役割」を担ってもらって、家族の関係を

変えてもらおうというのは，それがもっとも妥当で現実的だからであり，たったひとりの力でも，他の人に多大な影響を与えることができるからである。

「特別な役割」を持つ祖父母とバランスのとれている家族

　「特別な役割」を持つ祖父母は，バランスのとれている家族という理想——あるいは考え方——を実現するという，重要な任務を担う。祖父母は，家の歴史を誰よりも知っているので，家族全員が自立的に生きられる地盤を作るにはどうしたらいいか考えることができる。また，時代の変遷や社会の変化を数多く体験してきているので，日々のできごとを見る目も偏りが少なく，多面的にとらえることができる。個人として，また社会人として祖父母がこのような強みを持っていることは，家族の他のメンバーに好影響をあたえ，やがては家族全員が，社会に貢献できる存在感のある人間になる。

　「特別な役割」を持つ祖父母であれば，たとえどんな状況にあっても，バランスのとれている家族を作る方向に向かって事を進める。家族の中に問題を抱えているメンバーがいたりすると，なかなか目標に近づかないかもしれない。それでも，自分に対しても他人に対しても，ひたすら前向きな姿勢と行動をとりつづければ，少しずつでも家族のバランスを整えていくことはできる。

　したがって「特別な役割」を持つ祖父母は，根本的にバランスのとれている家族の理想，目標，現実を理解している。家族間の人間関係のあり方は，一人ひとりのメンバーの自信や能力を伸ばすこともあれば奪うこともある。ふだん何気なく繰りかえされる行動や力関係のなかには，それだけの影響力があるのであり，それに気づくことが，祖父母として

目標を達成するための第一歩であるということを，彼らはわかっているのである。

　クレイグ，ピーノ，シェルリーン，ベッツィーは，家族はもちろん地域の人たちとも強い絆を築いてきた。同様に「特別な役割」を持つ祖父母も，家の中をよくすることだけでなく，地域で活動したり，社会に貢献することにもエネルギーを分けることを考えなければならない。

　クレイグとピーノは，祖父としても立派に責任を果たしているが，地元の劇団でも活躍している。ふたりの家族は彼らの時間や労力を必要以上に束縛しないので——つまり，彼らの都合におかまいなしに孫を押しつけてくることはないため——ふたりは芸術方面への関心をこころゆくまで追求することができる。過去何年間かには，主演賞や監督賞を獲得したこともあり，各地の劇団や劇場との文化交流を推進する活動にも精力的に取り組んできた。今は，交流活動の場を，海外にまで広げようとしている最中である。

　親戚には誰一人として経済的支援を求めるものはいないので，シェルリーンは夫の遺産の一部を株や債券の投資にまわすことにしている。さまざまな企業の将来性について話し合う仲間を見つけ，共同で資金を出しあって投資したりもしている。若い頃にはさほど興味がなかった資産運用や企業活動の動向に，今は夢中になっている。それを知って，親戚の中には，シェルリーンに貯蓄や投資のアドバイスを求める人もいる。シェルリーンも，お金に関する親戚との情報交換を楽しみながら，新しい投資チャンスを求めるための旅行を計画することもある。

　ベッツィーは，家族を愛し，支えることに生きがいを感じながらも，仕事の腕を磨き，キャリアアップを続けることを忘れなかった。家族のために尽くす幸福感は，何事にも換えがたい。しかし同時に，よりやりがいのある仕事を，より大きな仕事を引き受けたいという意欲にも燃え

ている。そこで，弁護士仲間でつくる住宅事情を調査するプロジェクトチームに加わった。このプロジェクトが成功すれば，あちこちの都市や町の住宅事情が改善されるはずである。

クレイグ，ピーノ，シェルリーン，ベッツィーはみな，うまく機能している家族の一員であり，外の世界に向かい，社会のいろいろな場面で活躍するためのエネルギーを，家族から得ている。社会で役に立つ人間になるのは，家族と強い絆で結ばれていてこそできることなのである。心理的な絆がしっかりしていると，人は家族の大切な一員であると同時に，外の世界へ自由自在に飛び出していくことができる。

バランスのとれている家族と改革

バランスのとれている家族は，さまざまな環境の変化に対応していくため，流動的である。みずから改革を起こす場合もあれば，地域や社会の変化の波をとらえ，それにうまく乗っていく場合もある。もちろん人種差別や民族対立といった根深い社会問題を変えるのは，バランスのとれている家族といえどもむずかしい。だが，少しでもバランスのとれた方向へ舵取りをすることはいつでも可能である。

「特別な役割」を持つ祖父母は，家族のあり方が，個人の行動や生活の質まで変えるほどの影響力を持っていることを知っていると同時に，それには限界があることも知っている。それでも，家族や社会を少しでもよい方向に変えようと努力する。そして，家族以外の人やグループとの交流を続けながら，主体的に改革を推し進めてゆく。バランスのとれた家族にしよう，社会に変革をもたらそうという推進力を得た祖父母は，もはや，現状に絶望した受け身の人生から脱却するのである。

クレイグ，ピーノ，シェルリーン，ベッツィーの人生を見ると，家族

のバランスを整えることと社会を改革することは，一連の好循環になっていることがわかる。クレイグは，家族の理解と励ましのおかげで，社会からの偏見に押しつぶされることなく，同性愛者の生き方を堂々と選び，なおかつ演劇活動に熱中することができた。クレイグの情熱的な生き方は，家族親族の誇りとなった。クレイグは，家族の応援を得て，ますます地元劇団の脚本や構成に新風を吹きこんでいった。

ピーノの家族や社会との関係も，劇団活動へ駆りたてるいい原動力となった。家族のなかで，また社会のなかで他人に頼りにされたことで，人に教えることへの関心がいっそう強くなり，やがて有能な舞台監督となり，舞台指導者となった。

シェルリーンは，旅行を重ねるごとに，女投資家の名を高め，ますます運用の腕を磨いていった。シェルリーンの成功に刺激を受けて，親戚や友人も，自分たちが動かせる金額の範囲内で投資を始めた。やがて，彼女たちの投資活動はあちこちで話題になり，多くの女性たちに，資産運用について真剣に考えさせるきっかけを与えた。

ベッツィーも，弁護士としてのキャリアを着実に積み上げ，さらに，都市部の住宅事情改善のためにも立ちあがった。家族の励ましに支えられて，自由に広い社会を飛びまわることができた。もちろん祖母として孫に尽くすことも忘れず，家族の一員であるという帰属意識を持ちつづけた。ベッツィーは，分不相応な野心は持たないことにしていた。親戚の者と協力して仕事をした経験が，プロジェクトチームでの活躍の原動力となっている。

こうして家族と社会の関連性を見てみると，祖父母の役割に深くかかわればかかわるほど，社会へ貢献する機会は，減るどころかむしろ増加するということがわかる。クレイグ，ピーノ，シェルリーン，ベッツィーの四人は，家族内でもまた社会的にも変化を生じさせることに成

功したが，それは彼らの人間関係のよさの賜物だ。一方で，変化を生じさせるだけの柔軟性や行動力を持った人間だからこそ，家族や同僚から慕われ，頼りにされ，いい人間関係を築けたのである。さらにバランスのとれている家族のコミュニケーションは，情報の流れが自由で，家族のメンバーを互いに支えあうようになっている。そのため家族の中で自主自立の精神を育まれた人間は，社会へ出ても，自然に責任感と創造性に富んだおこないをするようになる。

　バランスのとれている家族は，「特別な役割」を持つ祖父母が他人や社会に貢献するのを後押しする。祖父母もそれを目標にする。家族のバランスがとれていなかったり，家の中でさまざまな問題が起きているときは，「特別な役割」を持つ祖父母は，性別や世代を超えた家族間の交流を新たに切り開く努力をする。これが，みんなにとってプラスになる「建設的な改革」である。この「建設的な改革」に向けた行動を開始すると，それまでの状況がどうであれ，家族関係のパターンはかならず変わってくる。たとえば，家族が家族としての機能を失っていても，バランスを取り戻そうと動き始めれば，いちばん根深い問題——それが虐待だろうと，薬中毒だろうと，喧嘩だろうと——は，かならず軽減する方向に向かう。
　つまり，「特別な役割」を持つ祖父母は，家族のバランスを整えるという重要な任務を担っていることになる。彼らが，家族の中でも社会の中でも絶対に欠かせない人物なのは，まさにこの任務があるからである。
　「特別な役割」を持つ祖父母が，日々の暮らしの中で，家族のバランスをとろうと行動を開始すれば，おのずと，家族と社会のかかわりについても意義や目的を見出すことになる。たとえば，次のような目標が生

まれる。

1. 現時点で何らかの意思決定をすることにより，過去と未来をうまく結びつける。
2. 自分の孫の将来を考えるだけでなく，他人の，とくに不遇な環境にいる人たちの生活向上をめざす。
3. 家族にとっても社会にとってもいい未来を約束するバランスのとれている家族の建設に取り組む。

　クレイグ，ピーノ，シェルリーン，ベッツィーは，「特別な役割」を持つ祖父母になることをとくに意識してきたわけではないが，家族や地域の人たちとの交流をとおして，バランスのとれた家族と地域社会を築き，維持してきた。祖父母として，家族関係を開放的に保ち，社会人として地域とさまざまな関わりを持つことで安心感を増大させた。クレイグ，ピーノ，シェルリーン，ベッツィーのモデルケースは，他の祖父母たち，もっときびしく恵まれない家族環境にいる祖父母たちに勇気を与えることであろう。
　そこで，次からの章では，よくある家庭問題について，また，そのような問題を持った家族が，「特別な役割」を持つ祖父母によってどう改善されていくかについて説明しよう。伝統的な家族，対立する家族，問題をかかえた家族，疎遠な家族，断絶した家族，そして義理の家族の閉塞状態と今後の可能性について，また，「特別な役割」を持つ祖父母が，家族と社会のバランスを整えるために，どうやって「建設的な改革」を起こせるかについて，よく考えていきたい。

第7章　伝統的な家族

　伝統的な家族とは，中流の生活水準で，比較的資産もあり，幾世代も続いてきた行動のパターンを守る，従来型の家族である。伝統的な家族とは，ある家族を「普通の」と形容したとき思い描く家族ともいえる。実際には，いろいろな文化が存在し，家族がどの文化的伝統に従うかによって，家族のあり方も変わってくるので，何が「普通」か規定するのはむずかしいが，ともかく，一般的にそう思われている家族をここでは伝統的な家族と呼ぶことにする。

　表面的には，伝統的な家族はうまくいっているように見える。彼らは整然と，年齢や性別による役割分担を守っている。さらに家族のメンバー一人ひとりも，自分に期待されている役割をよく知っており，伝統的な家族の一員であることは，あたりまえで疑いようのないことと感じている。現在が過去としっかり結びついていることに，心の安らぎを覚える。伝統的な家族の一員であるという安定感と安心感の前では，過去の習慣にどっぷり浸かっているあいだに社会全般の動きに取り残されてしまうという危機感も，薄れがちである。

　伝統的な家族のもつこの親しみやすさこそ，家族を構成している人間にとっても，また外部の人間にとっても意味があるのである。つまり，伝統的な家族というのは，完成された価値観が現代にも存続しつづけて

いるれっきとした証拠なのである。だが，伝統的な家族が基盤にしているのは，現実というより過去の夢や神話なのであるから，彼ら特有の問題を発展させてしまう。過去の「黄金時代」を懐かしむばかりで，現在の変化への対応が遅れ，若い世代のニーズやジレンマを理解できず，十分支えてやることができない。

　伝統的な家族のなかで，祖父母がその役割を果たそうとする場合に，気をつけたほうがよいことがいくつかある。家族の過去志向は度を越していないだろうか？　過去に確立された行動パターンと現在の社会情勢のあいだに避けられないズレは生じていないか？　伝統的な家族の問題や欠点を「特別な役割」を持つ祖父母はどうやって矯正していけばよいか？　この章では，これらの点を解明していきたい。

　守っている文化や価値観はそれぞれ違っていても，伝統的な家族の家風には共通する特徴がいくつかある。たとえば，年齢や性別による役割分担が先祖代々引き継がれているため，家族のメンバー間の上下関係が規定されてしまいがちで，日々の生活においても行動様式が固定化されてしまう。若年者より年長者のほうが権力も資産も握っており，女性よりも男性の方が威張っている。しかし現代のたいていの社会構造では，多くの変革がなされた結果，すべての人間関係は確実に平等主義のほうに向かっている。また最近では，少なくとも男女間では，どちらが上に立つでもなく，お互いに尊敬しあい，慈しみあうのが当然とされている。年齢や性別に関係なく，誰もが対等な人間としてつきあうという考え方が浸透してくると，伝統的な家族のなかにある上下関係は，もはや安定的で安心できる制度ではなくなる。

　伝統的な家族には，年齢による主従関係や性別による役割分担が根強く残っているうえに，過去の価値観に縛られるあまり，昨今の変化に対応していけないという融通のなさが見られる。皮肉なことに，変化への

適応を拒む姿勢が，時として，強いことと勘違いされることもある。どちらにしても，この融通のなさが，伝統的な家族が未来に向けて発展的に家族の絆を結ぼうとする可能性を薄くしてしまう。

　フェミ，デクスター，ヒュー，エドナは，伝統的な家族の一員である。四人は「特別な役割」に目覚めた祖父母として，自分たちにとっても，孫たちにとっても，親戚の者たちにとっても息苦しくなっているこの閉塞した状況を打開しようと立ちあがった。フェミとデクスターは，31年間一緒に暮らしてきたが，家庭のなかでは従来どおりの祖父母の役割を演じている。ヒューは一度も結婚したことがなく，特定の相手と長く付き合ったこともなかった。だが，甥や姪がたくさんいたので，独身生活でもにぎやかで，いまでは甥や姪の子どもに囲まれるようになった。エドナは今は未亡人だが，長い間，年齢や性別や，嫁という立場の型にはめられた，従属的な役割を演じ続けてきたため，自立心が備わるまでにずいぶん時間がかかった。

　フェミとデクスターは，孫にいい影響をあたえる祖父母になりたいと考え，先祖代々守られてきた伝統的なやり方を少しずつ変えてみようという気になった。フェミは，これまで当然と思われてきた女性の役割を少しずつ崩し，現代的なものに変えていくことにした。デクスターは，家族の中にできあがってしまった権力構造をもう少し柔軟なものにしようと考えた。

　ヒューは，自分が今まで結婚しなかったのは，結婚するのが怖かったからだと思っている。結婚すれば，伝統的な夫や父親の役割に縛られ，好きな仕事や趣味に集中できないのではないかとおそれ，若いころは特定の相手と恋愛関係に陥るのを避けていた。だが，今は，結婚に肯定的な考えを持つようになり，甥や姪の子どもたちにも，積極的に恋愛してほしいと思っている。もしも子どもたちが独身生活を望むなら，それも

いい。どちらにせよ，もっと自由に人とつきあい，自分よりも豊かな人生を送ってほしいと願っている。

祖母としての「特別な役割」を自覚したエドナは，孫たちに小さいうちから自立心を植えつけさせた。今までの家族のあり方では，誰もが誰かに依存していて，個人としての意思を表明しない。それはおかしいと彼女は感じている。もし自分が，早くから自主自立の考え方を身につけていれば，結婚生活も，その後の未亡人生活も，もっと充実していたのではないかと悔やんでいる。

フェミ，デクスター，ヒュー，エドナの例を見ていると，伝統的な家族に祖父母が持ちこめる「建設的な改革」のイメージがつかめてくる。「特別な役割」を持つ祖父母は，伝統的な家族の新しいあり方を開拓することができるのであり，家族関係を変えることで，少しずつ家族のバランスを整えるのである。

「家族や親戚が，男はこう，女はこうとあまりにも昔風に考えているので，がく然としたんです」とフェミは言う。「そんなふうに型にはめた役割を押しつけてきたせいで，家族の中にはせっかくの才能や技量を無駄にしてきた人間がたくさんいるんじゃないかしら」

デクスターは，家族に根をおろす上下関係に疑問を持っている。「何世代も続く命令系統ができちまったんです。そんな時代遅れのことがまだ続いているなんて，おかしな話ですよね。孫たちにもっといい生き方をさせようと思ったら，そんな家風は変えてやらなきゃ」

ヒューはため息をつきながら話す。「ときどき自分の人生がむなしくなるんだ。どうして今まで，誰かと長くつきあうことができなかったんだろうって。そうしていれば今ごろは，その人と一緒に充実した生活をしていたかもしれないのに……。ともかく，若いやつらにこんな思いをさせない

ためにも，精一杯のことをするつもりだよ」

エドナは，やっと自由になって嬉しそうに話す。「自分の好みや考えは，長いあいだずっと抑えて過ごしてきたんです。そんなことはもうこりごり。今は自由でいることがいちばん大切だって気がついたの。そのことを孫にもぜひ伝えていかないと」

フェミ，デクスター，ヒュー，エドナが目的を達成するまでには，まだまだ大変なことがたくさんあろう。しかし「特別な役割」を自覚することで，いちばん気にかけている問題を解決することに専心することができる。孫にいい人生を送ってもらいたいという気持ちを持ちつづければ，かならず目的を達成できるはずである。

伝統的な家族にありがちな問題には，次のようなものがある。

1. 家族関係が，簡単には変えられないくらい様式化されている。
2. 家族関係を作りなおそうとする個人がいても，まわりが強く反対する。
3. 年齢や性別によって，家族のメンバー一人ひとりの行動や考え方が規定されている。
4. 家族全員が同じ基準や価値観に従うように，強い圧力がかかる。
5. 年齢や性別によって役割分担がはっきり分かれている。
6. 家族の立場に階層がある。男性や年長者が支配権を持ち，女性や若年層はそれに従わなければならない。
7. 自由な意思の表明が許されないような土壌ができてしまっていて，その結果，子や孫の創造力が育たないおそれがある。

伝統的な家族は，時代に染まらない点を評価されることもある。だが，一族意識があまりに強すぎて，個人個人の考え方や行動に，良いにつけ悪いにつけ親戚の者から圧力をかけられてしまう。「特別な役割」を持つ祖父母は，孫の世代がもっとのびのびと育つように，伝統的な家族の硬直した家風を軟化させる必要がある。

　フェミは，家族の年寄りたちがみな，男はこう，女はこうと固定観念を持ってしまっているのにあきらめを感じていた。しかし，変えることができると気づいて希望がわき，孫のためにもそうしなければ，と思った。

　年齢や性別による階層ができてしまっている家族に対し，苦痛を感じてきたデクスターも，そのバランスを変えていこうと決心した。家族のメンバー一人ひとりが，なるべく対等な立場になれるような家風を作ろうというのである。命令系統の連鎖を断つことは，孫のためでもあると彼は信じている。

　ヒューは，一家のなかに根付いていた結婚観や恋愛観，独身者への偏見などを，ユーモアのセンスを駆使して崩していこうとした。人と深くつきあうことで得られるものの大切さに気づき，甥や姪の子どもたちにも，その大切さを何度も言って聞かせた。そういう話は子どもが思春期になるまで待っていては遅すぎるのであって，小さいうちからすることが重要だと考えている。

　エドナは，消極的で控えめな生き方をしてきたために，一個人として成長できなかったことに気づき，親戚のなかで同じような未亡人の立場に甘んじている女たちを目覚めさせることにとりかかった。彼女は，孫を楽しませる快活な祖母に変身し，まわりから何を言われようと自分を貫くことの大切さを伝えようとしている。

　こうしてフェミ，デクスター，ヒュー，エドナは，孫の世代のために

伝統的な家族を改革しようという，長く険しい仕事にとりかかった。伝統的な家族の陥りやすい危険やわなを認識し，より柔軟な家族関係を築けるよう，目標に向かって突き進んだのである。

「特別な役割」を持つ祖父母と伝統的な家族

　「特別な役割」を持つ祖父母が伝統的な家族を変えようとするとき，最初にぶつかる壁がある。今いる家族や親類の顔ぶれ，すでに亡くなった先祖の偉大さ，周囲にすっかり定着している考え方や家風を前にして，自分の無力さを感じることがそれである。これはまさに，ダビデとゴリアテの状況だ。伝統の影響力の強さに惑わされて，勝算はないと決めつけてしまうのは，あまりにも愚かである。

　しかし，もう少し冷静に考えれば，伝統的な家族のなかで祖父母にできることはいくらでもあることがわかる。繰りかえされてきた悪習慣を変えることは可能なのであって，結局，伝統的な家族も，問題を抱えた家族のひとつの形にすぎない。伝統的な家族のバランスを整えるのは，他の問題を抱えた家族のバランスを整えるのと大差はない。「特別な役割」を持つ祖父母がやるべきことは，どんな反対や抵抗にも屈せず，家族になんとしても「変化」をもたらそうという決意を持って，粘り強く臨むことである。

　フェミとデクスターは，家族のあいだに根付いていた男女の役割分担の考え方と支配構造を変えることに力を注いだ。フェミは，孫たちに家族や親戚の話をした。孫娘には，家族に貢献するのに必ずしも女性が従属的な立場にいる必要はないことを，孫息子には，社会で存分に仕事をするのに，姉妹や妻などの女性の自由を奪う必要はないことを言い聞かせた。デクスターは，家族の意思決定プロセスを民主的なものにするよ

う努め，孫の自主性を伸ばすようにした。こうしてフェミとデクスターの孫たちは，これまでどおり家族や親戚によってしっかり支えられながらも，家風が変わってきたために，新しい考え方を身につけるようになった。

ヒューは，家族とは違う道を歩くようになった。家風におもねた行動をとる必要はないと心に決め，いつまでも結婚しない「家族のはみ出し者」から「自由奔放に生きる男」に変身した。すると，ひとつの価値観に凝り固まっていた家族の雰囲気はやわらぎ，甥や姪の子どもたちは，いろいろな考え方，生き方があることを学んでいった。ヒューはエネルギッシュに祖父役を演じ，自分の兄弟姉妹と摩擦を起こしたときには，親戚の者に応援を頼むこともあった。そんなやりとりを通じて，家族や親類のあらゆる世代の人たちと直接つきあえるようになっていった。

エドナはまず，自分のことは自分で決めると心に誓った。そして，自分の自由をつかみとり，望まない役割や態度を押しつけられてもきちんと拒否するようになってから，とても生き生きした祖母になった。車を買い，家を借り，パートタイムの仕事につき，短期大学の講義を聴講するようになった。エドナは，新しい人生を歩み始めたのである。彼女の変身ぶりを見て，孫たちも，個性や自主性を大いに伸ばしていった。

伝統的な家族と改革

フェミ，デクスター，ヒュー，エドナのような「特別な役割」を持つ祖父母が伝統的な家族を変える主導権を取り始めると，まわりの人たちも変わり始めた。伝統や家風にがんじがらめになっていた閉塞状態をつついたり揺さぶったりするうちに，家族のあいだに新しい絆が生まれ，結果的にバランスのとれた，民主的で平等な家族ができあがった。少し

ずついい方向へ変わっていったことによって，若い世代は自由にのびのびと育っていくことができた。

　たとえば，フェミが家族のなかにまん延していた昔風の男女観を揺るがしたことで，フェミの孫たちは将来設計を自由に描けるようになったばかりでなく，描いた将来を手に入れるために現実的な行動を起こすようになった。フェミの孫たちは，どんな境遇にあっても，重要な役割を担う人間になるだろう。

　デクスターが家族の長年の支配構造を切り崩し始めると，孫たちも依存心を捨て，自立心を持つようになった。孫たちは，家庭内で意見を自由に言えるようになっただけでなく，学校やクラブ活動でも，積極的に改革案を打ち出したり，先頭に立って新しいグループを作ったりするようになった。デクスターの孫たちは，今でも家族や地域の年長者を尊敬しているが，人のためになることを始めようとか，長期的な計画を立てようとか，そういった話し合いになれば，年長者とも対等に意見を交わしている。

　ヒューは，伝統的な家族の頭の堅さを，面白おかしく皮肉りながら，甥や姪の子どもたちに話して聞かせた。おかげで子どもたちも，ユーモアのセンスを身につけ，それが厳しい境遇にあっても生き抜いていけるたくましさになった。彼らはまた，人生は予測不可能だから楽しいという哲学を学び，学校でも会社でも仕事でも趣味でも，チャレンジ精神を大いに発揮した。家族の絆はあいかわらず強いが弾力性に富んでいる。彼らは臆することなく，友人や異性とのつきあいを深めることができた。

　エドナの新しい生き方は，孫たちに，パイオニア精神を持って仕事や地域活動にあたることの大切さを教えた。おかげで彼らは，慣例に従うばかりで問題を先延ばしにしがちな集団の前でも，堂々と意見を述べ，

こころざしを貫く大人になった。彼らはもちろん家族や親戚との交流は続けた。だが，家族親戚に対しても，同僚に対しても，友人に対しても，ただ言いなりになるのではなく，つねに問題解決志向を持って主体的に接するようにしている。

「特別な役割」を持つ祖父母には，たとえ家族から強く反対されても家庭や社会にこの種の改革を実行する責任がある。いろいろな形態の家族があるなかで，伝統的な家族はもっとも「変化」を嫌う。価値観や支配構造が，家族以外の社会階層や人間関係と重なっていることが多いからである。伝統的な家族は，家族のメンバー全員に頑丈な権威に裏打ちされた「型」を押しつけ，そこからはみ出ようとする人を許さない土壌がある。そのため，それが壁のように立ちはだかって，変化を起こそうとする人の勇気をくじくことも多い。

伝統的な家族の改革には，抵抗がつきものだと覚悟したうえで，祖父母は行動を起こすことである。他の家族のメンバーから嫌われたり，じゃまされるようなことがあっても，孫の将来のためを考えて，粘り強く続けることである。たとえ生きているあいだにその使命を完遂できなくても，それはあまりに遠大な理想を求めた結果だから仕方がないと思えばよいのである。ともかく孫の世代に影響をあたえることだけはできるはずなのであるから。

「特別な役割」を持つ祖父母は，必ずしも家族の伝統をすべて打ち砕く必要はない。家族の一部または全員に弊害があると思われる伝統だけでよい。祖父母が介入しながら起こした変化は，もっとすばらしい，新しい伝統となって引き継がれていくことだろう。

伝統的な家族のなかで祖父母が「特別な役割」を果たすとどんな変化が起こるか，ここにいくつか挙げてみよう。

1．孫に自主性がつき，個性が伸びる。
2．固定観念がやわらぎ，孫はもちろん他の家族も独創的な行動をとるようになる。
3．家族間の上下関係や主従関係が，対等な関係に変わり，お互いが思いやりと尊敬を持って接することができるようになる。
4．現状のままだといつか起きるかもしれない問題が明らかになり，親戚の者たちは成長過程にある子どもたちにいい環境を与えるための努力をするようになる。
5．祖父母が家庭の外でも有意義な活動をしている姿を見て，孫たちも家族の伝統に執着するばかりでなく，外の問題に目を向けたり，大きな目標を持つことを学ぶ。
6．家族全員が，どの世代も，柔軟かつ強固な人間関係を築くという新しい伝統を作っていく。
7．伝統的な家庭の祖父母は，過去のいい点を現在の意志決定に利用できる。守る価値のある伝統は，これから先も引き継がせていける。

「特別な役割」を持つ祖父母は，伝統的な家族の孫だけでなく全員のためになることを，「聞くこと」「見ること」「話すこと」をとおして，集め，見きわめ，伝えていく。フェミ，デクスター，ヒュー，エドナが成功したのは，伝統的な家族の問題点をすなおに認め，それを変えるためにありとあらゆる努力を重ねたからである。彼らが先導者となって家族の伝統の改革をすすめた結果，彼らの孫たち，甥や姪の子どもたちは，これからの家族と社会をささえる主導的人材に育っていった。

第8章　対立する家族

　家族は喧嘩を避けるべきではない。これは喧嘩だときちんと区別して，なるべく早く仲直りしさえすればいい。だが，喧嘩を認めようとしない家族はかえって危ない。水面下で家族のメンバー一人ひとりの心が離れてゆき，やがて深い溝ができてしまう。喧嘩をするのはその家庭に活気がある証拠でもある。喧嘩がきっかけになって，マンネリ化していた状態を見直し，結果的に家族の絆が強まることもある。

　ここでいう「対立する家族」とは，意味のない喧嘩をくりかえし，その状態が一向に直らない家族のことである。そんな家にいる人間は，喧嘩によるマイナス面にいつも苦しんでいる。意味のない対立や絶え間ない喧嘩のある家で，「特別な役割」を持つ祖父母には何ができるだろうか。「特別な役割」を持つ祖父母は，どんな家族にもいい影響力を及ぼすのであるが，対立する家族では，彼らにどんな特別な状況や仕事が待っているかみてみよう。

　なかでも最も不健全でやっかいなのは，祖父母と両親の対立である。祖父母と両親の間がうまくいっていないと，被害を受けるのは孫だ。祖父母と孫が会うのを，両親が禁じたり，制限したりすることがあるからである。両親と子どもだけの核家族が，祖父母と対立し，心理的に疎遠になってしまうのは，子どもの成育上いいことではない。

「特別な役割」を持つ祖父母であろうとするなら，娘や息子，あるいはその配偶者との関係を修復することがとても重要になる。そうすれば孫と接する機会がふえるだけでなく，家族同士の心の交流が盛んになる。両親と祖父母の関係は，家族全体の関係を決めてしまうほど影響力が強い。その関係がうまくいっていないと，家族はばらばらになってしまう。

　では，対立する家族の一員である祖父母は，「特別な役割」の祖父母になるのに不利かというと，かならずしもそうとは言えない。対立する家族には安定要素が少ないが，それは裏を返せば，流動性がある，つまり変化を受け入れる余地があるということである。また，もともと結びつきの弱かったところへ喧嘩が起きて，崩壊してしまう家族がある一方，喧嘩のおかげでかえって絆が強まる家族もたくさんある。実際のところ，喧嘩というのは，人間関係を壊すというより長続きさせるメカニズムを持っているといえる。

　ギータ，ルイース，キム，スティーブンはみな，対立する家族の一員である。ギータとルイースの実家はともに，喧嘩の絶えない家庭だった。そんなふたりの結婚生活は，やはり喧嘩に明け暮れた。キムには，家庭が平穏だと思えたことは一度もない。スティーブンは，最初の結婚生活が荒れに荒れたため，もう再婚などする気にもなれない。

　ギータとルイースは，よくこんな結婚生活がいまだに続いていると，お互いあきれながらも孫をとても可愛がっている。だが，彼らの息子や娘はときどきギータとルイースに腹をたて，はっきりした理由もなく，孫に会わせてくれなくなる。今後もずっと息子や娘に孫との関係を牛耳られるのかと思うと，ギータとルイースは祖父母として無力感を覚える。

　キムは兄を嫌っている。兄との確執が長年にわたって続いたせいで，

娘や息子ともうまくいっていない。小さいころからの兄に対するストレスは，母親になっても続き，落ちついて子育てができなかった。キムは今また，理想とする祖母になれないことに自信をなくしている。キムの娘や息子は，伯父と争ってばかりいた母親を尊敬する気になれない。そのため，キムと孫を会わせるのを控えることがある。

スティーブンは子どものころから自分の父親とうまくいっていなかった。それが今でも尾を引いていて，祖父役を受け入れられないでいる。威張り散らしてばかりいる父親に畏縮していた子ども時代を，思い出したくないこともあって，子や孫との接触を極力避けている。スティーブンは，過去のいやな記憶に縛られて，現在と未来を前向きにとらえることができない。

「ああ，平和な家庭生活がほしい……」とギータは言う。「でも，あれは永遠に終わりそうにないわ。わめき声と怒鳴り声の聞こえない日なんてないもの。ただね，孫に悪い影響があるんじゃないかって，それだけが心配で……」

ルイースはこう話す。「生まれ育った家が喧嘩ばかりしてたからって，自分が作った家までそうする必要はないんだよな。わかっちゃいるんだけど，つい，娘や息子にも怒鳴っちまうんだ。そんなことしてたら，いい爺さんになんて，なれないよな……」

キムはため息混じりにこう言う。「兄貴と仲がよければ，子どもたちだって私を軽蔑しないでしょうね。そしたらいいおばあちゃんになれるのに。実を言うと，何で兄貴とうまくいかなくなったのか，そもそものきっかけもよくわからないの。だから今まで，修復することもできなかったの。でも孫のためにも何とかしなくちゃ……」

スティーブンはこうだ。「私が家族と一緒に過ごしたくないと思うの

は，親父との確執が原因だったんだって，気づくのにずいぶん時間がかかりました。親父が死んでも，それが私の人生にずっとのしかかっていて，もう，墓場までつきまとわれるんじゃないかと思っています。孫にはこんな思いをさせたくないんですが……」

　ギータ，ルイース，キム，スティーブンの四人は，家族のなかに深い対立関係があることに気づいてはいるが，無意味な対立をやめ，有意義な人生を送るためには，まず自分が本当に関心を持っていることに焦点をあてなければならない。「特別な役割」という新しい使命を持てば，無意味な喧嘩を繰りかえす泥沼状態から脱け出せるだろう。「特別な役割」を担えば，考えなければいけないことや，やらなければいけないことがたくさん出てきて，昔の喧嘩にエネルギーを使う暇などなくなる。
　ギータとルイースは，喧嘩の合間に一息つくスペースを生み出そうと，祖父母の「特別な役割」を引き受けた。キムは，「特別な役割」をじっくり考え，自分が理想とする祖母像を描き，それを追求してみた。すると，兄との問題も，取るに足らないことだと思えるようになった。スティーブンも，「特別な役割」という新しい目標を前向きに考えてみた。祖父として現在と将来のためにすべきことがあると思うと，過去に対するこだわりは軽くなった。孫と積極的につきあってみようと考えるようになった。
　家族の対立構造は，一夜にして解消するほど甘くはない。だが，ギータ，ルイース，キム，スティーブンの四人は，未来に目を向けることで，喧嘩をうまく避けたり我慢したりできるようになった。孫のために何かしようという気持ちを持つと，それまで制御不可能だと思っていた喧嘩や，漠然とした暮らしも，変えることができ，喧嘩にばかり向かっていたエネルギーは，徐々に分散されるようになった。

対立する家族では,「特別な役割」を持つ祖父母に次のような問題が現われる。

1. 世代を超えて引き継がれてきた対立構造があまりにも根深く,それを変えるのは不可能だ,永遠に続くと思わせてしまう。
2. はっきりした根拠があるわけでもないのに長期間続いている家族の対立を祖父母は自分自身が腹を立ててしまうのが怖くて解決しようとしない。
3. 家族全員に悪影響を与えている問題だとわかっていても,祖父母は今まで対立の解消に成功したためしがないからと介入しようとしない。
4. 娘や息子との対立感情をこれ以上刺激すると,ただでさえ制限されている孫との接触を本当に失うかもしれないと祖父母は恐れる。
5. 根深い家族の対立の本当の原因を取り除かないかぎり,祖父母が中途半端に介入しても,解決するどころか喧嘩の再生産をするだけになってしまう。
6. 家族の対立構造は多面的で,多くのメンバーが絡んでいるため,祖父母ひとりの力で変えるのは無理だとあきらめてしまう。
7. いつも決まった人たちによって引き起こされる喧嘩が家族親族に波及し,他のメンバーまでストレスを受ける。
8. 家族内の喧嘩にエネルギーを奪われて,祖父母は自分自身の目標をたてる余裕がない。
9. 両親と祖父母のあいだの対立が世代間の価値観の違いによるものの場合は,孫にとっていい結果を生むこともある。

10．意味のある喧嘩と無意味な喧嘩を区別するのはむずかしい。無意味な喧嘩が続けば，家族関係は停滞したままになる。

「特別な役割」に目覚めた祖父母が，家族の対立がどんな性格をもっていて，どんなかたちで表面化するかを理解できれば理想的である。そうすれば，自分の行動をどう変えていけばいいか，わかるからである。そして現在進行中の対立問題を超越して，喧嘩をせずにはいられなくなる屈辱感や恐怖感に打ち勝つこともできる。「特別な役割」を持つ祖父母は，家族内の対立構造を客観的に見ることができるようになるため，無意味な喧嘩にエネルギーを消耗させたままでいるより対立を解消する道を選ぶ。

「特別な役割」を持つ祖父母と対立する家族

　ギータ，ルイース，キム，スティーブンは，喧嘩が家族に与えてきたダメージを直視することにした。ギータは，これまでずっと自分が加わってきた喧嘩にかかわるのをやめ，孫たちの関心や趣味を伸ばすことに専念した。今までのように喧嘩はしないという態度をギータが示すようになってからは，ギータ以外の家族間の喧嘩も減った。娘夫婦の理解を得るよう努力をしたが，短期間で成功するわけはないと自分に言い聞かせ，時間をかける覚悟を決めた。

　ルイースも喧嘩に向けていた関心を，祖父としてもっと責任感を持つことに転じた。彼は性格上ギータよりも喧嘩を我慢するのに苦労はしたが，家族や親族に対して，これからは昔の喧嘩は蒸し返さないと宣言した。未来に目を向けるようになり，息子や娘と，孫の教育や発育について積極的に意見を交わすようになった。

キムは，兄との長期にわたる確執を解決しようと，カウンセリングを受けることにした。兄に直接ぶつかってうまくいくとは思えなかったが，実際にやってみると，二人とももう十分傷ついていることが確認できたので，これからはもっとオープンに対等につきあっていくことにした。キムが兄に，孫のためになることがしたいと言うと，兄も同じ気持ちだと答えた。キムの娘や息子は，キムがやっと伯父に歩み寄ったことを評価し，安心して孫たちをキムに会わせてくれるようになった。

　スティーブンも，第三者に助けを求める決心をした。グループセラピーを受け，すでに亡くなっている父親を詳しく分析し，見つめ直した。冷静に過去を見るようになると，過去を許す気持ちになり，人に優しく接することができるようになった。子や孫に対して，愛情表現がうまくできるようになった。こうして彼は，「特別な役割」を持った祖父になるという目的に向かって歩み出した。

　ギータ，ルイース，キム，スティーブンのように，「特別な役割」を追求しようとする祖父母は，家族の中の対立を減らすよう，なんらかの主導権を握らなければならない。たとえ自分が喧嘩の当事者でなく傍観者の立場であったとしても，無意味な喧嘩を家のなかで繰りかえさせている責任の一端がある。ただ目をそらすだけの態度は改めるべきである。どういう行動や態度をとれば効果があるか，喧嘩の中身をじっくり観察して，正面から正直にぶつかっていくこと。それが，この種の問題を解決するための第一歩である。また一見喧嘩が収束したように見えても，再発する場合があることにも注意をしなければならない。真に平和で尊敬しあえる家族関係が長続きしてこそ，家族一人ひとりは，個人の目標や社会への貢献を追求することができるのである。

　ギータは，家族の喧嘩が落ちついたのを確認すると，孫と一緒にスペイン語を話す人たちの文化的催しに出かけ始めた。自分たちの民族につ

いて，もっと知ろうと思ったからである。家のなかのごたごたが減ると，ルイースは孫たちに陸上競技を教えたくなった。コーチ役として指導しながら，孫たちを短距離走や長距離走の大会に出場させた。

キムは，兄との関係が修復できたことで自信がつき，娘や息子とも気楽につきあえるようになった。中華料理に夢中になり，作った料理を孫とのピクニックやパーティーに持ち寄った。孫には実際に料理を手伝わせた。孫たちはこうして，家族の歴史や祖国に興味を持つようになった。

スティーブンは，若い頃ジャーナリストになりたいと思っていたので，父との葛藤の日々とそれを乗り越えた経過を書き綴ることにした。その夢は実現することはなかったが，孫にも日記や記事を書くことを教えはじめた。かなり本格的に教え，ときには自分が書いた文章を，孫に読んで聞かせることもあった。そのうち孫とはもちろん，娘や息子とも絆を深めることができた。スティーブンは，今後も折りに触れて，死んだ父との関係を見つめなおす作業を続けようと決心した。

対立する家族と改革

「特別な役割」を持つ祖父母が，対立する家族の問題を解決しようと主導権を握ると，家族や親族との関係は変化し，孫は自分らしさを発揮し，個性を伸ばすようになる。家の中で喧嘩が減ると，祖父母もほかの家族も自分が何をしたいか，社会にどう貢献できるかを考える余裕が出てくる。このように「特別な役割」を持つ祖父母は，まず家族の改革から着手する。そうしないと家族のエネルギーは，喧嘩でどんどん消耗され，停滞し抑圧された状態は改善されない。

対立する家族は，かならずといっていいほど地域社会や隣人との関係

が薄い。彼らは意味もなく車輪を回しつづけるという非生産的な行動をしているのである。地域社会から孤立している家族から，地域に貢献する人間は育たない。家族以外に向けるエネルギーが枯渇しているのであるから，家族の対立を減らせば，家族のメンバーはそれぞれ，自分の能力を伸ばし，人の役に立つことができるのである。

　地域への貢献は，社会の改革や改善をもたらすのであるが，対立する家族のメンバーはそこで重要な役割を演じられない。「特別な役割」を持つ祖父母，あるいは意欲ある家族のメンバーが，喧嘩を繰りかえす習慣を断ちきらないかぎり，家族のメンバーは社会の改革に参加できない。

　ギータは，家の喧嘩を減らすよう努力しながら，その間も，スペイン語を話す人たちの集まる地区でおこなわれる文化活動に参加するようにした。家から喧嘩が消えるようになると，今度は音楽や演劇やダンスに夢中になり，そのうち孫も一緒に連れていくようになった。喧嘩に使っていたエネルギーを音楽や演劇，ダンス，孫とのつきあいに存分に使えるようになったのである。

　ルイースは若いころ陸上選手だった。だが，それはもう終わったことだ，自分にはもう関係ないと長い間思っていた。家の騒動が落ち着いてくると，彼は昔の自分を取り戻してみたいと思い立った。自主トレーニングを始め，それに孫をつきあわせ，さらに近所の恵まれない子どもも誘いこんだ。近所の子どもたちの能力を伸ばす資質に恵まれていたので，陸上競技のコーチになって，子どもたちを育成した。彼は自分の姿をとおして，孫に，恵まれない人を助ける責任感を植えつけたのである。

　キムは以前から中華料理を作るのが好きだったが，その腕前を披露することはなかった。兄との問題を乗り越えて自信を取り戻すと，孫や家

族のために自分のできることは中華料理だと思い至った。機会を見つけては親族を食事に招き，そこでの会話をとおして家族の歴史を収集した。キムの料理や家族の話は，孫に，広い視野でものごとを見る目を養わせた。

スティーブンは，父親との確執を乗り越えてから，思う存分書くことに専念した。過去と向き合う行為の一環として，父を知る親族や友人に連絡をとった。長く尾を引いていた問題にけりをつけ，彼は猛然と書き始めた。そして，その記録作業に孫も引きこんだ。今さらフルタイムのジャーナリストになることはできなかったが，地元紙に投稿したり，かつてのエンジニア時代の知識を活かした記事を書いたりした。彼が書いた新聞記事は，孫を刺激しただけでなく，社会を変えるきっかけにもなった。

対立する家族の祖父母が地域社会とかかわることは，意味もなく繰りかえされる悪癖から脱け出すことと，社会の改革に貢献することにつながる。ギータ，ルイース，キム，スティーブンは未来への可能性を手に入れたので，もはや対立する家族の犠牲者ではない。孫と社会の役に立つ祖父母である。キムの家族の歴史話は，孫だけでなく親族も解放し，家族や親族間の争いや不和はどんどん少なくなっていった。

「特別な役割」を持つ祖父母は，家族の対立を冷静に観察し，それを減らすよう指導的立場を取る。「特別な役割」を持つ祖父母はコミュニケーションを通じさせることに長けているので，対立が起きたときには，互いに傷ついた感情を悪化させ，事態を悪くする前に，解決するように努力する。家族の対立をなくすために，「特別な役割」を持つ祖父母ができることは次のようなことである。

1. 喧嘩をしている当人たちに，それが家族にとりわけ孫に，どれほど悪影響を与えているか面と向かってはっきり言う。
2. たとえ過去に自分が当事者だったとしても，その喧嘩には今後加わらないと宣言する。
3. 対立を起こしている当事者と親しい人に会って，対立感情を緩和するよう協力を頼む。
4. 家族や親族の歴史を集め，対立構造と因果関係を探る。
5. どうしても解決できない対立は，ひとまずそのままにしておき，地域社会へ目を向けて，貢献できることがないか考えてみる。
6. 家族の対立で孫がジレンマをかかえている場合には，それを日々乗りこえられるよう支えてやる。
7. 孫に，家族の対立は無意味で，時間とエネルギーのむだ使いだということを教える。
8. コミュニケーションを活発にしたり，価値観の違いをはっきりさせたりしながら，喧嘩が根深い対立にまでエスカレートするのを阻止する。
9. 孫と実りあるつきあいをするためにも，祖父母と両親の関係が健全であることを確認しておく。

「特別な役割」を持つ祖父母は，家族の感情風土を変えることができる。ギータ，ルイース，キム，スティーブンは，家族内の対立を減らして自分自身の生活を立て直しただけでなく，家族全員の生活の質を向上させた。孫たちは，この変化のおかげで救われたのである。この祖父母たちがいなければ，家族の対立を減らす行動をとることも，地域活動を追求することも，社会に貢献することもできなかったかもしれない。

第9章　問題をかかえた家族

　どんな家庭にも多かれ少なかれ問題はある。アルコール依存や薬物依存，家庭内暴力，性的倒錯行為などは多くの家庭に見られる。問題をかかえた家族では，メンバー全員がその問題を悪化させる方向に作用しがちだ。方向を転換し問題を軽減するには，たったひとりの「特別な役割」を持つ祖父母が決心し行動を起こせばよい。問題を作り出すのも減らすのも，家族のメンバー一人ひとりがかかわっているのである。

　「特別な役割」を持つ祖父母はしばしば家族の問題に間接的に介入するが，そのおかげで問題が改善されることがある。家族親族と地域のネットワークを柔軟で広範なものに開拓していくことで，問題の原因となっているストレスも，問題の結果生まれるストレスも減らすことができる。

　ロブ，ローレン，テーマ，ウォーレンはみな，問題をかかえた家族の一員である。ロブとローレンの家庭は，27年前に結婚したときからすでに問題をかかえていた。ふたりとも，実家にはアルコール依存者が大勢いた。テーマには麻薬中毒の父親がおり，今は弟がヘロインにおぼれている。ウォーレンは離婚する前，妻に何年間も暴力を振るってきた。ウォーレンの父親も母親に暴力を働いていたのを覚えているため，この病癖は繰りかえされる運命にあるのではないかと思うと新しい恋人を作

る気になれない。

　問題をかかえた家族の一員でありながら，いや，だからこそ，この四人はいい祖父母になろうと決心した。彼らは，親としてできなかったことを孫にしてやりたいと思っている。ひどい家庭で子どもを育ててしまったことを償いたい気持ちでいっぱいなのである。ロブとローレンとウォーレンの三人は，本人自身が問題をかかえる当事者だった。テーマは当事者ではなかったが，家族の問題を放置しておいたのは，暗黙のうちにその問題に加担していたのと同じだったと気づいている。

　「どっちかが酒飲みじゃなかったら，あたしたちは結婚してなかったと思うわ」とローレンは話す。「あの頃は，自分のやってることが間違ってるなんて，考えもしなかったの。毎日毎日が楽しくてね」
　ロブもこう言う。「そう，飲むことしか考えてなかったよ。飲んだくれの家系に生まれてなけりゃ，人生は違ったかもな」
　ウォーレンは悲痛な声をあげた。「親父がやってた横暴を，俺まで繰りかえすつもりはなかったんだよ！　孫には絶対，別の生き方をしてもらおう。あの子らには俺が必要なんだ」
　テーマはため息をつきながらこう話す。「自分の家に薬物中毒者がいることから目をそらし続けていました。でも自分をごまかさないで，事実を直視することにしたんです。それが家族全員のためになると思って……」

　ロブとローレンは，酒を断ってから10年以上が経つ。同じ家系の他のメンバーも酒をやめており，表面上は何の問題もないように見える。だがロブの妹とローレンのいとこが禁酒を続けられず，今もときどき酒におぼれている。また，ロブの家族もローレンの家族も神経過敏で怒りっぽく，家族関係はいつも不安定な状態にある。

テーマの弟はヘロイン患者の更正施設に入っている。彼が視界から消えている今，テーマの家族はごくふつうの家族に見える。だがこの弟の麻薬常用癖は，家族の他のメンバーに深い傷跡を残し，今でも怒りと悲しみが渦巻いている。また，テーマは，自分の父と弟のせいで，親戚の者から白い目で見られることもよくある。

ウォーレンは昔，妻に暴力をふるっていたため，自分の子や親戚をも震えあがらせていた。リハビリテーションを受け，今はすっかり立ち直ったが，ウォーレンにかかわろうとする家族はほとんどいない。彼は，今さら自分の過去を許してもらえるなどとは思っていないが，せめていい祖父になりたいと考えている。自分の子に対して過去の罪を償うには遅すぎるかもしれないが，孫とは新しいスタートを切れるのではないかと希望を持っている。

自分自身に悪癖があったにせよ，家族の悪癖を見逃して結果的に問題を助長していたにせよ，「特別な役割」に目覚めた祖父母は，問題の軽減を図るよう当事者と加担者に働きかけることができる。ロブとローレンは，自分たちもアルコール依存症だったことから，家族や親族の中にそうなりそうな人がいると，いち早く気づくことができる。テーマも，身近に麻薬常用者をかかえていたので，他の人にその兆候があればそれを察することができる。ウォーレンも家庭内暴力が発生するきざしを感知しやすい。この四人はその種の病癖のエキスパートであり，兆候と症状について一通りの知識がある。家族や親族に同じ病癖を見つけたら，それをさらに悪化させないよう防ぐことができるはずである。

「特別な役割」を持つ祖父母は，問題が発生する段階でもそれが止まらなくなっている段階でもきちんと介入すること。孫に悪影響を与えたくないなら問題を取り除くよう手を打とう。家族間のコミュニケーションを図り，孫を守るための幅広いネットワークを築いておくことも大切

である。

　問題をかかえた家族は，このように二度と後戻りできない軌道にのっているわけではない。誰かひとりが——たぶん「特別な役割」を持つ祖父母のひとりが——くさびを打ち込み，問題をこれ以上引きずらない家族関係に変えるようにすればいいだけである。悪習に染まりきった家族を変えようとするのは，勇気のいることで，「特別な役割」に目覚めた祖父母でもそう簡単にいかないのはよくわかる。しかし，変えることができればその成果は計り知れないほど大きい。それを続ければ，孫の将来は明るい。

　問題をかかえた家族で「特別な役割」を持つ祖父母がとるべき姿勢はいろいろあるが，それには次のような特徴がある。

1．家族が問題を起こし，やめられなくなるのには，自分たちにもある程度責任があることを自覚する。
2．問題の症状を改善し，その原因を取り除くために，できることはなんでもする覚悟を決める。
3．孫が家族の問題行動の被害者にならないようしっかり守る。
4．問題から目をそらしたり，隠したりせず，直視する。
5．問題を起こしている家族の中だけでなく，ほかの親戚や友人とも幅広い関係を築くようにする。
6．地域社会ともかかわりを持つようにして，視野を広げ，他人に貢献できることがあればそれを続ける。
7．悪習慣が繰りかえされる危険性を最小限にするような，予防措置を考える。
8．問題の火種が，同じ家系の別の家族に飛び火したり，噴出した

りしないよう注意する。
 9．短期間で解決できることではないと認識して，少しでも問題を軽減する方向に家族全員が行動していれば，それでよしとする。
 10．自分の知識を孫に伝える。家族に問題をかかえた人がいても，それに巻きこまれないよう，うまくかわすすべを身につけさせる。

　ロブ，ローレン，テーマ，ウォーレンのように，「特別な役割」を持つ祖父母は，自分の体験を集積し，生活をたて直すためにどんな些細なことも見逃さないようにする。どんなに小さな行動でも，孫の人生を変えることはできると信じて，祖父母の目的をひたすら追求する。家族の絆を深め，問題を軽減するには，根気よく続けること以外にないのである。

　ロブ，ローレン，テーマ，ウォーレンは，悪癖の兆候と症状をすべて抑えられたわけではないが，孫も同じ悪癖を持つのではないかという不安を払拭することはできた。親族に対しても問題提起をし，その問題に関する事実と情報を集め，整理してみると，その悪癖は家系に運命づけられたものでもなければ，犠牲者だけが悪癖を作り出したものでもないとわかった。家族関係と問題発生の関連を眺めてみると，家族のかかわり方が有害なストレスや有毒な反応を引き起こし，病癖を発生させたり悪化させていたのである。たとえば，ロブとローレンはふたりとも，結婚した当時たいへんなストレスをかかえていたため，アルコールに走った。テーマが弟の麻薬常習に手を焼いたのは，父が死んだ直後だったし，ウォーレンが妻に激しく暴力をふるったのは，妻の妊娠中だった。

「特別な役割」を持つ祖父母と問題をかかえた家族

　ローレンは，家族の問題を軽減するためにいくつかの方策を試みた。まず，アルコール依存になる人とならない人を比較し，その人たちの家族関係との関連性を検討した。そして彼女を含めてアルコール依存になる人には，いちばん心の支えになるはずの人とうまく関係が作れていないことを知った。さらに，いったんアルコール依存になった人でも，みずから行動を起こすようになれば，症状はおさまることを知った。

　ロブは家族の歴史を調べて，アルコール依存の始まりと，自分がアルコール依存になったのは誰の影響かを知ろうとした。そして彼の家系の人間は，「人の死」を受け入れることが苦手で，そういう時期にアルコール問題が多く発症していたことがわかった。

　テーマは自分の家系に，父と弟以外に麻薬中毒になった人間を見つけることはできなかったが，他の種類の問題を引き起こす傾向があることに気づいた。親戚の何人かが心身障害で入院したり，うつ病にかかったりしていた。彼女の家系には，自分の生活のバランスをとる能力に欠けた人間が多く，それがいろいろな問題を引き起こすのではないかと推察するようになった。

　ウォーレンはそれまで自分の家族の暴力行為をしっかり見てこなかった。しかしよく見てみると，彼の家系には，早死にする人，事故にあう人，体をこわす人がたくさんいることがわかった。これらが家庭内暴力とどう関係するのかまではわかっていない。だが，似たような悪習が代々にわたって繰り返されてきているのを知って驚いた。

　現在の家族の問題を歴史的な流れの中で問いただそうという祖父母はあまりいない。だが問題行動を過去にさかのぼって見つめなおすと，現

在のバランスの悪さと秩序のなさを作り出した状況を見出すことができる。「特別な役割」を持つ祖父母なら，「聞くこと」「見ること」「話すこと」をとおして，何が問題の引き金を引いたのかはっきりさせようとする。そして家族や親族と緊密なコミュニケーションを取りつづけていれば，少しずつでも進展はある。

　ローレンは親戚中の人に，生まれ変わったらどんな人生を送りたいか聞いてまわった。そして，彼らが家族関係にどれほどの満足を感じてきたか，またどれほどの不満を感じてきたか，ローレンなりに考えをまとめた。

　ロブは死んだ親戚の者のことをもっと詳しく調べてみた。多くは慢性アルコール中毒かそれに類する慢性病で亡くなっており，充実した晩年を送ったとはいえなかった。

　テーマは，自分の家族は，数の多さに比べると，一人ひとりの関係が非常に薄かったことを発見した。家族や親族としっかりつながって生きてきた人に比べて，薄い関係しか持っていなかった人は，生き方が下手なようである。

　ウォーレンも死んだ親戚の者について調べてみた。多くはとても若くして死んでいる。なぜ早死にしたのかまではわからなかったが，彼らのその苦労が，何かの点で父や自分に同じような悪癖を繰りかえさせたことに関係があるような気がしている。

　「特別な役割」を持つ祖父母は，問題の答えを探しつづけながら，家族関係が家族ひとりひとりの人生に与える影響力の強さに気づく。家族の問題を引き起こした絶対的な事実にたどり着くのはのは無理かもしれないが，悪習病癖を発症させる風土のようなものを知ることはできるのである。

問題をかかえた家族と改革

　問題をかかえた家族がうまく機能する家族に変わるには，家族一人ひとりが，家族同士のつきあい方を変えるだけでなく，地域社会との交流を広げようとしなければならない。うまく機能している家族というのは，家族のメンバーがそれぞれ家庭のなかでも外でも重要な役割をになっている。自分の気持ちを満たしながら，家族以外の人の役に立つこともする。祖父母が家族をうまく機能させようと指導的立場を取るなら，祖父母自身も外に出て，自分にしかない能力や技術を人のために役立てるべきである。

　アルコール依存や麻薬依存，暴力などの問題をかかえた家族は，それらの問題にかかりきりになってしまう。毎日毎日，問題に対処し生き延びることにエネルギーを消耗するため，心の泉は枯渇し，未来に向かって何かを計画する気力も残らない。

　ローレン，ロブ，テーマ，ウォーレンが「特別な役割」を持つ祖父母として自分自身を取り戻した経過を見ていると，みな似たような体験をしていることがわかる。ローレンは，家族や親族がアルコール問題を克服した後，やっと地域社会に関心を寄せることができた。家の中の問題はある程度片付いたと思い，アルコール依存症女性のための，社会復帰施設でボランティアを始めたのである。ロブも，家のなかが平穏になるまでは，地域社会で何をしたいかなど考えることもできなかった。今はアルコール依存症の親を持つ子どもを集めたボーイズクラブを手伝っている。自分の体験が役に立つ仕事である。また，この仕事を引き受けることによって，孫や家族とも新しい関係が築けそうな気がしている。

　テーマとウォーレンも似たような経験をした。テーマは家族に平和が

訪れると，コンピューターの学校に通うことにした。外の社会に出るいいきっかけになるし，学校で覚えたことを孫に教えることもできると思ったからである。ウォーレンは，いい祖父になるという新しい役割に慣れるまで時間がかかったが，その後は心の欲するままに，絵を描き始めた。彼が別の人間に生まれ変わったということを，親戚の者たちも認めるようになり，ウォーレンもそれを知って喜んだ。

　こうしてローレン，ロブ，テーマ，ウォーレンは家族のバランスを整えていったので，やがて家族の機能不全状態を大きく改善することができた。自分自身が存在価値のある祖父母になっただけでなく，孫にもいい結果をもたらした。孫たちは，家の中で今度は何が起こるかとびくびくする必要がなくなったので，祖父母と一緒におこなう活動にもずっと集中できるようになった。彼らの生活は平和で制御しやすいものとなり，今では家族関係も健全なものとなった。

　小規模な改革を積み重ねていくうちに，「特別な役割」を持つ祖父母はいつのまにか，地域や社会を改革するという広いステージに出ていくことになる。家のなかの問題を抑えるために家族や親族と新しい関係を築くだけでなく，孫の手本となるような地域社会への貢献も同時におこなうのである。祖父母は長く続いている問題に今までどおり反応するのをやめて，今度は親戚の者にも今までどおり反応するのをやめるよう働きかける。すると家族はその問題に今までのようなエネルギーを注がなくなる。解決法を見出しやすくなり，たがいに建設的にかかわりあえる家族や親族の関係が出現する。「特別な役割」を持つ祖父母は，別の親戚にも働きかけるので，個々の病癖と家族や親族への悪影響は縮小する。

　これらの改革がすべて，「特別な役割」を持つ祖父母によっておこなえるという保証はない。だが，問題をかかえる家庭で祖父母が立ちあが

ることは，確実に問題を抑え，孫を支える家族と地域社会とのネットワークを作ることにつながる。一見すると間接的に見える祖父母の介入は，家族をうまく機能させ，家族全員が社会に貢献できるような違った世界をもたらすはずなのである。

　問題をかかえた家族に祖父母が介入して得られる成果は，問題を起こしている本人や家族と向き合いつづける持久力と，家族や社会に貢献できる祖父母になろうとする意思の強さで決まる。一度に全部をやろうというのは無理な話であるが，今までと違った家族関係を開拓し，問題を軽減する方法はいくらでもある。

　問題をかかえた家族といってもそれぞれの状況は違っているので，問題を軽減する方法も，祖父母の責任を果たす方法も，地域社会にかかわる方法も，一人ひとり異なる。目標を達成するために，「特別な役割」を持つ祖父母ができる方策を，いくつか挙げておく。

1. 問題をかかえている人，およびその人にいちばん近い関係にある人と，会って話す機会を増やし，それを根気よく続ける。
2. なるべく多くの親族と気安くコミュニケーションをとるようにする。家族のかかえる問題を隠さずに話すことは，家族関係のバランスを整えることの妨げにはならない。
3. 孫に家族の現状を非難や判断をまじえずに話す。
4. 理想を求めすぎて，できないことで頭をいっぱいにすることのないように，積極的に地域活動にも目を向ける。
5. 定期的に——少なくとも週一回は——問題が改善されているかどうか，今までとは違う家族関係が築かれつつあるかどうか確認する習慣をつける。

6．出産，結婚，葬式といった家族の節目の行事には参加する。家系に伝わる悪癖が発症していないかどうか確認し，それが認められた場合はきちんと介入する。
  7．自分には家族の問題を軽減し，孫の人生を変える力があるという信念を持って，前向きな姿勢をとりつづける。

　以上の方策のすべて，またはいくつかを用いて，祖父母は家族のなかで繰りかえされる問題を取り除く方向に向かうことができる。ローレン，ロブ，テーマ，ウォーレンの家のように，家族関係のバランスがとれてくれば，かならず進展は見られる。問題が一夜にして解消することはあり得ないが，対策もたてずに放っておいて悪化させるよりは，筋道をたてた行動を起こして，家族の状態を少しでも改善した方がいいにきまっている。問題をかかえた家族の悪循環を断つ人がいなければ，問題は無意識のうちに繰りかえされ，ますます改善するのがむずかしくなる。
　問題をかかえた家族で「特別な役割」を持つ祖父母になることの，大きな成果のひとつは，心の平和を得ることであり，これは，孫や家族，あるいは親戚の者と絆を深めることができるという成果に加えて，重要なものである。祖父母は，家族の問題で生じるストレスや重荷を軽くするために，あらゆる努力を払ったことで自信がつき，地域社会へ出てゆくきっかけと元気を得て，さらにそこで改革を起こすことができるのである。

第10章　　疎遠な家族

　ここでいう疎遠な家族とは，家族のメンバーが心理的に離れていたりそれぞれが孤立している家族である。このような家での「特別な役割」を持つ祖父母が果たすべき責任は大きい。家族や親族が疎遠になっているのに，その距離を縮めるための具体的な対策をとってこなかったために，いろいろな問題が発生するからである。たとえば，学校を中退する，人間関係を長続きさせられないといった問題行動は，心理的な距離がある環境で生ずる。

　地理的に離れて暮らす家族は心理的にも疎遠になりがちだが，必ずしもそうなるとはいえない。遠く離れているために心が離れがちになるのは，コミュニケーションを密にすることで十分防げるからである。皆で定期的に集まるとか，訪問しあうとか，手紙，電話，Eメール，写真やビデオを送るなど方法はいくらでもある。

　交通機関の発達や転職や転勤の増加により，今は多くの祖父母が孫と離れて暮らす。もちろん近所に住む場合もあるが，たいていは離れている。祖父母がそんな孫たちと交流を続けるには，かなり意識して努力をしなければならない。地理的に離れていて，冠婚葬祭程度しか会う機会もなければ，心は簡単に離れてしまう。

　「特別な役割」を持つ祖父母は，孫が豊かに健やかに成長する環境を

用意するため，家族や親族の心理的な距離を取り除くよう働きかける。その一つの方法は地理的な距離が心理的な距離に結びつかないようにすることである。家族が疎遠になり孤立してしまうのは誰にとっても問題だが，特に孫にとっては重大問題である。違う世代や親戚と交流がなければ，子どもの情緒は発達しにくくなる。たとえば両親と祖父母が疎遠であると，子どもは自信を持ちにくい。そして家族同士の疎遠な関係は，世代から世代へ引き継がれてしまい，それで起こる問題もまた，繰り返されてしまう。

　ユージン，ビビアン，ダルシーニ，ルイスは心理的に疎遠な家族の祖父であり大おばである。ユージンは考えや感情を表わさない，口の堅い家族の中で育った。ビビアンとダルシーニはレズビアンのカップルで，何年も人目を忍んでつきあってきたが，数年前そのことを公にしてからは，親戚から白い目で見られるようになった。ルイスの父親は耳が聞こえず，そのためもあって遠くに住む親戚とは，心理的にも離れてしまった。

　ユージン，ビビアン，ダルシーニ，ルイスは，自分の孫，あるいは甥の子，姪の子たちのために，家族や親族の心理的な距離を埋めたいと思っている。若い頃から感じざるを得なかった疎外感を，祖父母としてまた同じようには感じたくなかった。

　「私は子どものころ，家族や親戚について，なにも知りませんでした」とユージンは語る。「私の親族は誰なのか，はっきり話してくれる人はいませんでしたし，なぜ話してくれないのかもわかりませんでした。ただ家族の縁が薄いのだろうくらいにしか考えていませんでしたし，私自身も自分の家族を疎んじてきました。自分は対人関係が下手だと自覚しはじめてやっと，育った家庭環境に問題があったのだと気づきました」

ビビアンはこう話してくれた。「あたしとダルシーニはふたりとも，親密な関係を求めていたから惹かれあったんだと思うの。家族や親戚が本当に親しく接してくれたことはなかったから，自分のパートナーとはいつも心を通わせていたいって，ずっと考えてた。あたしたち，ふたりとも不幸な家で育ったわりには，かなりうまくやってきたと思うわ」

ダルシーニは言う。「ビビアンがいいパートナーシップを築こうと努力してくれているのを感謝しているの。わたしは彼女ほど自分の家の状態をよくわかっていませんから。ただ，自分がほかの人とは完全に違うということに気づいていたので，家族とは早く離れて暮らしたいと考えていました。それで機会を見つけて，さっさと家を飛び出してしまいました」

ルイスはこう話す。「子どものころは，誰が家族や親戚かなんて，知ろうともしなかったさ。あちこち転々としてたんだ。それなのに親戚のなかには俺たちを探してだして，俺たちが住んでた町にまで押しかけるやつもいたよ。どっちにしろ，親しいつきあいはしなかったけどね。親父は昔のことを話したがらなかったし，俺たちも家の中で会話はほとんどしなかったな。親父は耳が遠いのに，補聴器をつけるのもいやがってたから。お袋がよく親父のメッセージを俺に伝言するようなことがあったけど，そのせいで，俺は親父だっていう気がしなかったんだ」

ユージン，ビビアン，ダルシーニ，ルイスは小さいときから家族と心理的な隔たりを感じてきたため，孫の世代にはもっと適切な家族環境を与えてやろうと決心した。ユージンは真剣に家族や親族について知りたいと思った。何年もかけて，祖先や今の家族や親族についての情報を集めたので，今度はそれを孫に伝えたいと思ったのである。ビビアンは家族関係の重要性について深く考えてきたので，甥の子や姪の子には，誰かと親しくなるために，していいこととしてはいけないことを教えてや

りたいと考えている。ダルシーニは，甥の子，姪の子がいやになったからと簡単に学校を辞めたり家出をしたりしないか心配している。ルイスは，孫たちが疎外感を持たずにすむよう，孫と一緒に家族の歴史を探りたいと思っている。

　以上が四人の「特別な役割」への出発点だ。ユージン，ビビアン，ダルシーニ，ルイスは小さいときに疎外感を味わっているので，ほかの祖父母より家族間の隔たりを埋めたいという思いが強い。しかしその目標は道理にかなっているが，離れ離れになる習性は，とくに何世代もその状態が続いている場合は，断ちがたく，変えるのはむずかしい。家族や親族の心理的な距離を埋めるという信念を持つ祖父母にしかできないことである。

　「特別な役割」を持つ祖父母が疎遠になった家族の心に橋をかけようとするとき，考慮した方がいいことがいくつかある。心の距離を縮めようという善意の働きかけが，ときに予想外の反作用を生み，大勢の家族を傷つける場合もあるので，行動を起こす際には次の点をよく考え注意しなくてはならない。

1．家族や親族の間で，離反のパターンはいつ，どのようにして生じてきたのか考える。
2．離反関係が生まれた状況を歴史的視野から見直す。
3．あなたの対人関係は希薄になりがちだったか，またその傾向をどうやって克服してきたか，見つめなおす。
4．離れ離れになりやすい家族の心理的風土を変えるために，あなたの態度を変える計画を立てる。
5．疎遠な家族のなかで育つと孫にどんな害があるか想像する。た

とえば孫の自由が侵害されないか，サポート体制が整わないことはないか，推測してみる。
6. 世代間の交流のあり方が，家族の離反を助長していないかどうかよく考える。
7. 離れてしまった家族の心に橋をかけることのむずかしさを，その状態が続いている期間，感情的な反発の強さ，過去に回復する兆しがあったのかどうかなどをもとに推測してみる。

　ユージン，ビビアン，ダルシーニ，ルイスは，全員が足並みをそろえて「特別な役割」を持つ祖父母になったわけではない。だが，少なくとも家族の心理的風土を変えたいという気持ちがあったことは確かである。四人の中でルイスはいちばん懐疑的だった。自分に変化をもたらす力があるとは到底思えず，孫のために不必要な介入をするより，家族についての過去の情報を集めるだけで満足していた。ダルシーニも家族に介入することには疑問を感じており，とりあえずはビビアンのやり方と経過を観察するだけにしていた。それに対してユージンとビビアンは，「特別な役割」を持って家族に改革を起こすことができるという，祖父母の可能性を信じ，積極的に行動した。もちろん可能性があるとはいえ，現実に改革するには短期間では無理なので，期待しすぎないことも重要である。
　伝統的な家族や対立する家族，問題をかかえた家族と同様，疎遠な家族でも，「特別な役割」を持つ祖父母は，家族の状態をほんの少し改善する方向に向けるだけで，目標に近づくことができる。少しでもバランスのとれた状態をめざせば，孫に，心の平和と自主自立の精神を与える機会が増える。そう考えれば，疎遠な家族の問題に祖父母が気づいた時点で半分は成功したようなもので，あとは，これ以上心の離れた状態が

続かないように，家族関係が薄くなりがちな傾向に歯止めをかければいいのである。

「特別な役割」を持つ祖父母と疎遠な家族

　ユージンは今，本当の祖父になったと実感している。これまでの人生でいちばん家族や親族についての知識が豊富になった。これほど家の内情に通じていると感じたことはない。家族や親族とのつながりを感じることで得られる安心感をぜひ孫にも伝えたいと思っている。家族の歴史を集める作業に孫を引き入れ，家族のことをいろいろ聞かせた。新しい情報を集めるために親戚に会いに行くときには，なるべく孫も一緒につれていき，知り合いになれるよう配慮した。家族史を作っていると切り出すのは，これまでまったく知らなかった親戚に連絡をとるのに便利だったし，親戚と孫を引き合わせる格好のきっかけにもなった。ある人間がなぜ家族と長期にわたって離れてしまうのか，いろいろな人と話しているうちに，ユージンは疎遠になる家族のパターンや，代々繰りかえされる傾向をつかめるようになっていった。

　ビビアンはユージン以上に，家族同士の人間関係を深く掘り下げて観察した。というのは，心のへだたりや満たされない思いを感じさせるような，微妙な違いがそれぞれの態度に表れてはいないかと関心があったからである。ビビアンの甥の子や姪の子は，家族の話をよろこんで聞いてくれた。ビビアンはその子らに，人を愛すること，その人と人生をともに過ごすことの意味を話して聞かせた。甥の子も姪の子もまだ小さいが，今から親戚の話をしてその重要さを教えておけば，将来彼らに会うことがあったとき，それは役に立つだろうとビビアンは信じているからである。

ダルシーニは自分の家族に，学校を中退したり職を転々と変える者が多いことが気になっていた。彼女自身もかつては落伍者だったと思っている。ここ数年は，なぜ自分が家を飛び出したかじっくり見つめなおすために，家族と連絡をとり始めている。今になって，家族と親密でいることの重要性に気づいたダルシーニは，甥の子や姪の子にも，ぜひそのことを知ってもらいたいと思っている。

　ルイスは自分の家の疎遠なパターンを変えることについては慎重に考えている。ただ親戚が誰なのかを知り，その人たちが親族の一員だったとわかって嬉しかった。その人たちと連絡をとるだけで，今のところ十分満足である。新しい親戚と知り合うのは楽しく，そのなかで，自分が祖父であるという立場を実感した。彼は家族のつながりを広げ，孫ともつきあいを始めたことで心理的な安心感を得た。彼にそのつもりはなかったにもかかわらず，結果的には家族関係を築くことになり，家族同士の心理的な距離感や孤立感は次第になくなってきている。

　ユージン，ビビアン，ダルシーニ，ルイスは，疎遠な家族の中でさまざまなかたちで「特別な役割」を果たした。だが，いったん橋渡しをした後は，その状態を維持する作業にとりかかる必要がある。ルイスは親族のメンバーを知ろうとするばかりで，知り合った親戚との関係を継続しようという意識に欠けるところがある。だが，同じく家族史を集めていたユージンは，同時に，新しく知り合った親戚と連絡をとり続け，別の親戚についても新しく情報を得たときは，かならずフィードバックをした。このように，ひとつの成果を別の成果に結びつけていくことを忘れなかった。

　ダルシーニとビビアンも，親族の情報集めに夢中になった。その作業に甥の子や姪の子も引き入れたとはいえ，ユージンやルイスほど遠くの親戚まで手を広げることはなかった。つながりを確認した範囲は狭かっ

たかもしれないが，家族や親族間の心理的距離を縮めるには十分役に立った。

疎遠な家族と改革

　祖父母が家族の心理的な距離をうまく縮められたら，孫もほかの家族も，今度は家の外の世界へ貢献しに出ていける。これまでのような声なき対立や無意味なふるまいにエネルギーを使わなくてもいいので，自分が本当にしたいこと，自分だけでなく他人にしてやることを考えることができ，それを実行することができる。

　心理的な距離が生む問題点に気づいた祖父母は，それを社会のいろいろな場面で活用することができる。たとえば疎遠な家族に育てられ，自信を持てないでいる子どもたちを支えその人生を変えてやることは，「特別な役割」を持つ祖父母にこそできることである。この考え方に沿って，地方自治体や国の方策にまで働きかけることができれば，それこそ社会全体の生活の質の向上に貢献することになる。

　ユージン，ビビアン，ダルシーニ，ルイスも最初は，自分の孫，あるいは甥や姪の子のために始めたことだったが，「特別な役割」を持つ祖父母になる過程で，地域社会にかかわりを持つことに関心が出てきた。より大きな目的を持つことで，彼らはさらに改革を推進する力をつけていった。

　ユージン，ビビアン，ダルシーニ，ルイスの社会への貢献は，従来の自分の限界を少しずつ広げていくかたちで始まった。ユージンは，信仰心が人の行動を左右することに気づいたため，宗教団体の学校で教えはじめた。人間関係を深く掘り下げて考えてきたビビアンは，心理学と社会学の講義を受け，カウンセラーとして第二の人生を送ろうと決心し

た。ダルシーニは町のトワイライト・コース（特別夜間講座）と，保護観察児童用教育プログラムに参加した。ルイスは長年通っていた高齢者市民団体で積極的に発言するようになり，「孫のために祖父母ができること」というテーマでディスカッションをするプログラムを企画した。

　ユージン，ビビアン，ダルシーニ，ルイスが地域社会で指導的立場をとったことは，周りの人をも大いに刺激した。そして彼らは，地域でおこなうさまざまな活動に，孫，甥や姪の子を参加させて，彼らに祖父母や年寄りが家族や地域の人に改革をもたらそうと働く姿を身をもって示した。ユージン，ビビアン，ダルシーニ，ルイスは地域活動にどんどん深くかかわるようになった。

　疎遠な家族のなかの「特別な役割」を持つ祖父母は，次世代の子どもの性格形成に大きな変化を与える重要人物であるが，祖父母の気がかりは孫たちの情緒のことである。喜怒哀楽をうまく表わしたり抑えたりできるように育つと，孫の将来はもっと楽に自由になる。過去の敵対心や疎外感から解放された家族は，同じ自由を他の人にも分け与えたいと思うようになり，家族と社会の両方を支えあい，工夫し，改革するようになる。

　「特別な役割」を持つ祖父母は，疎遠な家族の情緒を安定させる。そして孫を，強くたくましい人間に，そして家族への帰属意識を保ちながら，なおかつ地域活動にもかかわるような人間に育てる。心理的な距離を埋めることで得られる成果をまとめると，次のようになる。

1．心理的な距離とはなにか，また家族や親族のネットワークでそれがどう現われているかを認識できるようになる。
2．家族関係の心理的距離のために生まれるマイナス面を理解でき

るようになる。
 3．地理的に距離があると，心理的な距離もできやすいことに気づく。
 4．家族の疎遠化や，孤立化のパターンを変えるのは可能なことだと勇気を持てる。
 5．疎遠化や孤立化をまねく家族関係を修復したら，それを二度と繰り返さないようにすることができる。
 6．自分の行動を通して，孫にオープンで緊密な家族関係の必要性を教えることができる。
 7．自分の時間とエネルギーを，他人のために役立つことに使えるようになり，地域社会の問題を解決することの重要性にも目を向けることができる。
 8．孫に，家族問題だけにとらわれることなく，地域社会にも目を向けることを学ばせることができる。
 9．次の世代へ引き継がれてしまいがちな疎遠化の傾向を，家族の心理的な距離を縮めることで防止することができる。

　このように，祖父母は疎遠な家族のバランスを整え，そのバランスを自分が死んだあとも保たれるようにする。「特別な役割」に目覚めた祖父母の初めのきっかけは，家族が疎遠だったために自分自身が心を痛めていたからであり，それは次世代のために改革を起こそうという気持ちにつながった。そして残りの人生をかけて，家族と社会にとって情緒安定がいかに大切かを身をもって示す努力に発展した。
　伝統的な家族，対立する家族，問題をかかえた家族と同じように，疎遠な家族でも「特別な役割」を持つ祖父母は，その立場と力を十分生かして，家族と地域の人たち全員の幸せに寄与する。このように彼らは自

分の家族の悪習慣を取り除くための方策を実行するだけではなく，家族関係の風通しをよくし，家族が社会に貢献する機会を提供するのである。

第11章　　断絶した家族

　断絶した家族とは，他の家族や親族との関係が寸断されたり途絶えたりして，孤立してしまった一家のことである。家族親族間のつながりが分断してしまっているので，メンバー同士が集団として緊密に作用しあうことはない。断絶した家族は，断片的なつながりがあったとしても，親族全体からは独立し，互いに無関係な立場で存在する。

　家族の断絶は，離婚，死亡，転居，根深い対立，親子間の不和などが原因で起こる。このようなできごとや状況は，家族に大きな動揺を与え，その緊張に耐えるだけの柔軟さを持っていない家族関係は壊れてしまう。

　「特別な役割」を持つ祖父母は，断絶した家族でも重要な役目をになう。過去の断絶の背景と現在の状態をよく考え，どの家族関係が破綻したのか，何が解決できていないのかをつきとめる。祖父母がなるべくたくさんのメンバーと連絡をとり，交流を再開するようにすると，家族関係は柔軟なものとなり，断絶した家族間に橋をかけることができる。また祖父母は，世代の交差点という立場にいるので，彼ら自身が分裂を引き起こした張本人でなければ，家族のなかの断絶した関係を修復するにはうってつけの役どころである。

　ホシン，ヤンフー，メガン，ジルロイは断絶した家族の祖父母であ

る。ホシンとヤンフーは結婚して30年近くになるが，ふたりとも十代の頃に，アメリカに移住する両親と一緒に韓国を出た。両親は豊かな生活を求めて，親兄弟から離れた。韓国の親戚たちが両親の移住に反対していたこともあり，ホシンもヤンフーも両親以外の親族との直接交流はないまま育った。両親たちは生涯韓国に帰ることはなかった。

　メガンは10歳のとき母が死んだ。父はその後再婚しなかった。母の死後，母方の親族との関係は途絶えた。父も父方の親族と疎遠な関係だったため，メガンは親戚というものをほとんど知らずに育った。メガンにとって，家族と呼べるのは父親だけだったので，早く結婚して家族を増やしたいと思いながら育った。メガンは子も孫もとても大事にし，つねにいい母親，いい祖母でありたいと考えている。

　ジルロイは，何人かの女性と一緒に暮らしたり別れたりを繰りかえしていたが，一度だけ結婚したことがある。その相手とは結局離婚したが，ジルロイはもとの妻に憎悪感をつのらせていたので，その後彼女や彼女の家族には一切連絡をとらなかった。そこでジルロイの子や孫は，離婚した妻とその家族とは接することなく育った。

　ホシン，ヤンフー，メガン，ジルロイの話を聞くと，家族の断絶度合いがわかる。「特別な役割」を持つ出発点は人それぞれ違うが，祖父母の力を高めるために解決しなければならない問題をかかえている点では共通している。

　「私はアメリカ人だと思っています」とホシンは言う。「でも本当にそう思えるかというとそうでもないんです。両親はアメリカに移住してから一度も韓国に帰っていませんが，私には韓国に親戚がいるはずです。その人たちを知りたい気持ちはあります」

　ヤンフーも次のように言う。「韓国の親戚のことはよく知らないんで

す。両親は，自分の親兄弟のことをなにも話そうとしませんでしたから。韓国の親戚のことを知らないというのは，すごく残念で悔しいことです。せめてわたしが元気なうちに何とかしたいと思っているんですが……」

メガンはこう話す。「母がいないことはつらかったわ。でももっとつらいのは，母の家族とそのままずっと別れたきりになってしまったこと。父がなぜあんなことをしたのか，小さいころはわからなかったし。母が死んだときも，ずっと後に父の死を迎えたときも，それをどう受けとめていいのかわからなかった。自分が何者でどこから来たのか知らずに生きるむなしさを孫には味わわせたくないわ」

ジルロイはこう言いきる。「離婚した妻への恨みをあの世まで持っていくつもりはないさ。ただ，あいつのことで子どもにはつらい思いをさせてばかりで，俺はなにもいいことをしてこなかっただろ。孫にはせめて，そんな思いをさせたくないんだ」

ホシンとヤンフーは何年もの間，韓国の親戚と連絡をとることはできなかった。両親たちはアメリカで完全に人生をやりなおしたつもりでいたので，ホシンとヤンフーも一度も韓国には行っていなかった。そのためふたりは，自分たちも，子も孫も，家族として十分に機能していない断絶一家にいるという負い目を感じていた。子どもが離婚したり，孫が学校を中退するのは，断絶一家だったためではないかと考えることもある。

メガンは小さいころから父を頼りきっていたので，他の男性とうまく付き合うことができなかった。父ほど器用で，博識で，心の支えになる人は現われなかったので，そのうち男性と付き合うことに興味を失ってしまった。母がいなかったことで，女友達とも親しい関係が作れなかった。母と母の家族の記憶は遠い昔のぼんやりした思い出にしかない。

ジルロイの人生は，根無し草のようなもので，子や孫とも一体感を感じることができないでいた。離婚時のわだかまりをいまだに引きずっている。彼の子どもも結婚生活が長続きしないタイプのようである。孫には安定感のある家族環境を与えてやりたいと思っているが，断絶してしまった家族をどう元に戻せばいいのかわからないでいる。

　ホシン，ヤンフー，メガン，ジルロイの話は，断絶した家族の一員であった祖父母の持つ悩みをよく表わしている。この四人は，祖父母の「特別な役割」に目覚めて以来，それまでの束縛から自由になり，地域の人や家族とうまくつきあえるようになった。家族のバランスを整えるという目標を持つと，どのように断絶が起きたかを見きわめ，その断絶に橋をかけるための方策を考えられるようになった。

　ホシンとヤンフーは，親戚を捜して会うために，始めて韓国へ旅行することになった。自分たちのルーツと家族関係を確かめるには，それがいちばんだと考えたからである。メガンは誰が自分の家族親族なのか確かめるために，そして断絶を修復するにはどうしたらよいかを探るために，母と父の両方の親戚を捜し始めた。ジルロイは離婚した妻に対する恨みの感情を解消するよう努めた。離婚した妻と自分との接触がなかったために子や孫が失ったものの大きさを知り，家族関係を好転させるための第一歩を踏み出した。

　断絶状態は世代を超えて続いていることが多いので，それを好転させるのはむずかしい。断絶した家族がそのまま放置されてしまうか再び結びつくかは，家族の日々の，あるいは週に一度のちょっとした交流にかかっている。「特別な役割」を持つ祖父母には，家族の悪習慣を完全に変える力があるとはいえ，ほかの家族のメンバーの協力なしに断絶した家族のバランスを整える場合，変化に時間がかかる。

「特別な役割」を持つ祖父母が行動を起こそうとする際に壁となるものには，次のようなものがある。

1. 断絶した家族のメンバーだという認識が，親族中に広がって定着してしまっている。
2. 断絶状態が続くような家族関係に祖父母が介入すると，それがもとで争いや対立が起きるのではないかという心配がある。
3. 断絶した家庭で生活するストレスのために，計画や作戦を立てる余裕がない。
4. 断絶状態が代々続く家にいる孫をどうやってその弊害から守れるか，よく知らない。
5. 家族が断絶状態にあるのか，またその程度はどのくらいか認識がない。
6. 家族の過去に関する情報が少なすぎて，断絶の原因や関与した人物を特定できない。
7. 孤立した関係を終わらせ，家族のネットワークを築いた方が結局誰のためにもなることを理解できない。

祖父母は「聞くこと」「見ること」「話すこと」をとおして，行動することの効果を理解する。祖父母が「特別な役割」を果たせるのは，家族交流に参加したり，介入する道を選べるからである。そこで「特別な役割」を持つ祖父母は，断絶した家族のバランスを整えるのに，どのように始めるかを学ぶのである。

ホシン，ヤンフー，メガン，ジルロイは，断絶した家で育ったために自分たちが負った傷について考えなおし，孫を同じ目に遭わさないよう悪い原因を取り除く方策を立てようと決心できた。家族と社会の大きな

展望を心に描きながら，彼らは過去の傷を乗り越え，家族と社会との関係を強化していったのである。

「特別な役割」を持つ祖父母と断絶した家族

　ホシンは韓国で親戚と会ってきて，本当によかったと思った。ホシンの両親が知っていた親戚の者はほとんど亡くなっていたが，何人かのいとことその子どもたちに会うことができた。両親が裏切り者呼ばわりされていたのとは対称的に，ホシンは手厚くもてなされた。だから，アメリカに来てみたいという親戚には，ぜひ家に寄るようにと彼は勧めた。

　ヤンフーも韓国に行ったが，両親の生まれた村に親族はほとんど残っていないことがわかりがっかりした。韓国の親族もまた，散り散りになって断絶していた。一ヶ月の滞在期間では，期待していたほど多くの親族には会えなかった。それでも，なんとか親戚のひとりを見つけたときなどは，言葉がうまく通じないにもかかわらず，あたたかく迎えられた。ヤンフーは，再度親戚探しに韓国に行くときに備えて，アメリカに戻ると韓国語を習い始めた。

　メガンは，母方の親戚も父方の親戚もメガンが会いたいと申し出ると，とても喜んでくれたので安心した。彼女の電話や手紙に，ぜひいらっしゃいという返事が返ってきた。親戚の者たちも，欠けていたパズルのピースを埋め，家族の全貌を知りたいというメガンの考えに，共感し協力してくれた。すぐに現われた成果は，家族のつながりを強く感じることができたこと，そして，大きな安心感を得られたことであった。これをぜひ，孫にも伝えていきたいと思った。

　ジルロイが腰を上げるまでには少々時間がかかった。しかしついに勇気を出して，離婚した妻の居所を突き止め，面会を申し込んだ。彼女も

面会することに同意し，場所と時間を指定してきた。ジルロイは彼女にまだ複雑な感情を持っていること，しかしそんな過去への執着心から解放されたいと思っていることを話した。彼女はジルロイに，過去のことはもう何とも思っていないことを告げ，そして，離婚後はお互い完全に別の生活を築いてきたという事実を受け入れるべきだと進言した。この再会は，ジルロイを完全に立ち直らせたわけではなかったが，家族のバランスを整える第一歩になった。そして孫とふれあううちに，もとの妻の現実や離婚の事実をありのままに受け止められるようになっていったのである。

　断絶した家族のバランスを整えるために祖父母ができることは，壊れた関係を再建するという，根気のいる仕事に乗り出すことである。亀裂を完全に修復する作業に終わりはないのだから，孫のためにいい家族環境を与えてやるためには，未来に向けて確固たる基盤を作り上げることが急務である。

　ホシン，ヤンフー，メガン，ジルロイは，家族が崩壊への道へ進むかわりに，一体感とバランスのある道へ進むよう，舵の向きを変えた。彼らの行動と指導力は，さらに改革をすすめる次の行動をうながし，「特別な役割」を持つ祖父母として，孫の未来のために地域社会を変える行動にまで発展した。

　死去や移住といったできごとが起こると，断絶は再び起こる可能性がある。だが，祖父母が家族や親族と連絡をとり続けているかぎり，断絶を起こすパターンを繰りかえすことはないであろう。家族親族の絆を築く──それは断絶を阻止する手段である。柔軟な家族関係は，耐久力と持続力に富み，決して崩壊しないのである。

断絶した家族と改革

　断絶した家族がバランスを取り戻してくるにつれて，地域社会も強固になる。孤立した家にいるというプレッシャーと戦うことに，エネルギーを使わなくなった家族のメンバーが，地域社会で能力を発揮するようになるからである。

　ホシンは，地元の韓国系住人らが組織する文化活動に参加するようになった。その活動を通じて，韓国語を上達させ，アメリカに移住してきた多くの韓国人と知り合いになった。この活動にはときどき孫もいっしょに参加させ，民族意識を植えつけた。二度目に韓国を旅行したときには，孫を一人連れていった。次の旅行には別の孫を連れていくつもりでいる。彼の当面の目標は，韓国流の生活方法を学び，先祖をもっとよく知ることである。

　ヤンフーは韓国語学校に通うようになり，宿題は孫と一緒にやるようにした。孫と一緒だと，韓国語の単語を暗記するのもまた楽しく，途中で投げ出さずに済んだ。韓国語を習得すれば，祖国の親族探しも少しはスムーズに進むのではないかという期待も持っている。簡単な韓国語の文が書けるようになると，前回の旅行で知り合った親戚に手紙を書いてみた。そうしてほかの親戚の居場所や，両親が韓国を離れたあとのできごとなどの情報をなるべく多く集めた。次の韓国旅行に備えて，準備を着々と進めている。

　メガンは母方と父方の親戚捜しをひととおり終えると，地元のコミュニティ・カレッジで家族論を勉強し始めた。家族交流をどんどん深め，孫に家族の過去を教えた。メガンはまた，ボランティアで妊娠した十代の少女たちのカウンセリングを引きうけ，問題をひとりでかかえこまな

いで，家族と密な関係をとり続けるようにとアドバイスした。「特別な役割」を持つ祖父母としての彼女の経験は，十代の若者に「三世代のダイナミクス」を説くのに大いに役立った。そして家族の理想像を常に心に描いているうちに，家族や親族の断絶のいくつかは修復されたのである。

　ジルロイは，離婚した妻とのわだかまりが解けて，気持ちが落ち着いた。孫は，祖母のことを淡々と受けとめるようになった。自分を取り巻いていたピリピリした空気が消える解放感をあじわい，ジルロイは地域活動に目を向けるようになった。地元の政治団体に所属し，時事問題について孫と議論するのに熱中した。年長の孫がジルロイの選挙運動を手伝ってくれた。こうして孫たちも，世の中にはいろいろな選択肢や政策があることを学んでいった。

　ホシン，ヤンフー，メガン，ジルロイはこうして「特別な役割」を持つ祖父母になり，地域活動にも取り組み始めた。彼らと孫たちは，自分自身のニーズと同様，他人のニーズも満たすことができるようになった。断絶した家族の一員だったという経験が，地域社会で同じ悩みを持つ人を支えるのに大いに役立った。結局彼らの家族は次第にバランスを取り戻していき，孫たちは祖父母から，多くのことを学んだ。

　他の「特別な役割」を持つ祖父母も，同じように断絶した家族と社会に変革を持ちこむことができる。断絶状態が数世代にわたって続いている場合など，祖父母の存命中に改革しきれない場合ももちろんあるが，ともかくスタートを切ること。その第一歩がいずれは，祖父母にも，孫にも，その他の人たちにも，大きな喜びをもたらすかもしれないのである。たとえ一時的にでもバランスを少し取り戻すことに成功すれば，それは将来続いていくことであろう。

散り散りになった家族や親族を結びつけることで得られる成果をあらかじめ知っていれば，祖父母もやる気がわいてくる。ホシン，ヤンフー，メガン，ジルロイが断絶した家族を再びまとめることに成功したのは，途絶えていた関係を修復し，補強していったからである。ホシンとヤンフーが，再会した韓国の親族と文化を通じてつながりを強めていったのに対し，メガンとジルロイは，離れていた親族ともっと直接的な心の交流をはかった。たとえ死去や離婚という事態があっても，ほかの遺族や親戚，別れた配偶者とつながりを持ち続けることは可能なのである。断絶した家族のバランスを整えて得られる成果には，次のようなものがある。

1．家族のネットワークは，点在した状態ではなく，全体としてつながっていてこそ，メンバーを互いに支えあう構造になる。
2．家族の結びつきが強ければ，死去や離婚で生じる「穴」をまわりがうまく埋めてくれるので，悲しみも癒され，乗り越えることができる。
3．世代間の交流が活発になる。その結果特定の親子の間が絶交状態になっても，全体から切り離されたような疎外感や孤立感を味わわずにすむ。
4．誰が親族なのか，また家族の過去に何があったのかを知ることにより，孫は自分自身をよく知ることができる。
5．恨みをあからさまに口にしたり，口にしないまでも，心の中で恨んでいたりしたために，思うようなコミュニケーションができなかった家族にも，建設的な行動がとれるようになる。
6．「特別な役割」を持つ祖父母が率先して責任をになうので，家族関係は長続きする。また見守る人がいないために悪化する

ことはなくなる。
7．孤立した単位で，生き延びることだけに神経をすり減らすことがなくなるので，家族はより広い場に出て行き，地域社会のニーズにも応えられるようになる。

　断絶した家族の修復に成功し，バランスを取り戻したら，「特別な役割」を持つ祖父母はさまざまな形の社会参加をして，その姿を孫に示す。他人の役に立つことをするのはいい刺激になる。家族の断絶状態があまりにひどく，バランスを取り戻すには大変な苦労と根気が必要な場合でも，社会貢献は続けたほうがいい。
　ホシンは韓国の親戚と交流を続ける努力をしながら，地元の韓国系住民との文化活動にも力を入れつづけた。孫もそれに一緒に参加したり，韓国旅行に一緒に行ったりした。ヤンフーの語学は上達し，それにつれて孫も韓国を身近に感じるようになった。メガンが十代の妊婦のカウンセリングを続け，責任のある立場につくようになると，孫は，ボランティア活動に専心するメガンにあこがれるようになった。ジルロイの政治活動は，家族がかりの活動となった。孫は，選挙運動や政治集会の裏方を手伝い，そこで多くのことを学んだのである。
　断絶した家族はこうして，自分たちのバランスを取り戻しただけでなく，本来あるべきはずの地域社会とのつながりをも取り戻した。家族のメンバーはお互いの気持ちを満たしあうことも必要であるが，同時に外の世界でどんな貢献ができるかを，考える必要もある。互いに支え合うことは，家族や地域，そして社会全体の目標である。この原則を社会問題の解決にもあてはめれば，「特別な役割」を持つ祖父母は，孫に明るい未来を約束することができる。

第12章　　連立家族

　連立家族は，ふつうより多い家族単位で構成されている。離婚や再婚，死去の結果，家族の関係や立場が変わるからである。連立家族は「再編成家族」と言い換えることもできる。家族関係の変化と増加にともなって，大きな家族姻戚グループが形成される過程で，さまざまな家族構造が取りこまれてきている。現代社会における離婚，再婚の増加は，歴史的に見ても過去になかったほど多くの連立家族を生み出している。

　「特別な役割」を持つ祖父母は，連立家族の中で重要な任務をになう。彼らは家族に多くのさまざまな利益を与えるが，特に孫のためには，心の支えになったり直接介入をしたりすることで，大いに貢献できる。「特別な役割」を持つ祖父母は，再婚による義理の家族のために，伝統に縛られたり，対立が起きたり，問題行為が生じたり，疎遠になったり，断絶したりしないように家族関係をオープンに，密接に保つことを意識的に心がけるのである。

　祖父母は，大勢の家族のメンバーとつきあいを深め，世代をつなぐという祖父母ならではの立場を利用し，強固な家族関係を築くために効果的な介入をおこなう。祖父母が広範な親族姻戚グループに全面参加すれば，ゆくゆくは，連立家族のバランスを整え，元の家族にさまざまな人

の出入があることで，ひとつのまとまった家族ネットワークを作り上げることにつながる。

「特別な役割」を持つ祖父母はまた，義理の孫より自分の孫に目をかける。そのため義理の孫側の祖父母や家族の役割を侵害することはない。この方法は，連立家族の混乱状態を整理するのに有効である。結婚のたびに増える孫と義理の孫のすべてと絆を深めるのはむずかしい，というよりほとんど不可能である。

「特別な役割」を持つ祖父母は，連立家族の中で，実の息子や娘といい関係を保っていなければならない。義理の家族の機嫌をとることよりも，まず優先しなければならないことである。もともと血のつながりのある親子の関係は，あとでどんなに複雑な家族関係が展開しようと，根本的に基礎になるものである上に，実の孫と会えるかどうかは，実の息子や娘次第だからである。

カルメン，ソートウ，イボンヌ，ジェイミスンは，年月を経るにつれて家族がどんどん増えていくことに頭を痛めていた。カルメンとソートウは30年以上も一緒に暮らしているが，3人の子どもは相手を途中で変えて，何人かの子をもうけた。娘のひとりにはそれぞれ父親の違う子が3人いる。息子も二度，結婚離婚を繰りかえした。イボンヌとジェイミスンはお互い再婚同士で，一緒になって10年になる。イボンヌには，最初の結婚でもうけた子が2人と，二回目の結婚でもうけた子が1人いる。ジェイミスンとの間に子はない。ジェイミスンには，最初の結婚でもうけた子が2人と，イボンヌと結婚する以前につきあっていた女性との間にできた子が1人いる。

再婚すれば，関係者の数が単純に増えるだけでなく，義理の家族の関係者まで加わり，より複雑になる。カルメンとソートウには自分たちの実の孫が8人いる他に，義理の孫が7人いる。義理の孫というのは，息

子や娘の配偶者または相手が連れてきた子どもである。同様にイボンヌとジェイミスンにはそれぞれ互いに，実の孫が8人と，義理の孫が8人いる。義理の孫のなかには離婚後連絡を絶ってしまったものもいるが，何人かとは今でもつきあいを続けている。

カルメンとソートウは，大勢の孫や義理の孫とのつきあいに関しては，実子の意向にまかせてきた。息子や娘が義理の子と密接にかかわっている場合には，カルメンとソートウも同じようにその義理の孫をかわいがり，実の孫と一緒にあちこち連れて行ったりした。だが，旅行や誕生パーティーの費用を負担するときなど，このつき合い方に心理的な違和感を覚えるのを禁じえない。

イボンヌとジェイミスンは，やはり大勢の孫と義理の孫とのつき合いをやりくりするため，別のやり方をしていた。彼らにとって近づきやすい相手を優先した。つまり，遠くに住んでいるためにイボンヌやジェイミスンに会いに来てくれない孫や義理の孫は，基本的に無視したのである。こうしていると，遠くに住んで足の遠のいた孫や義理の孫とのつながりは薄れ，絆を深める相手の数を絞ることができた。

カルメン，ソートウ，イボンヌ，ジェイミスンの話を聞いていると，この状態で祖父母役を続けることは，かなりの不満があることがわかる。彼らはみな，実の孫との絆をもっと深めたいのであり，連立家族であるための犠牲者になりたくないと考えている。

「今のおじいちゃんおばあちゃんは，わたしが子どものころとは違っちゃったわね」とカルメンは言う。「わたしの祖父母にも孫は大勢いたわ。でも，どの孫のこともよくわかっていた。どこから生まれて，どこへ行ったかとか，ね。今じゃそうはいかないわ。ある朝起きてみると，義理の孫がひとり増えていたり，義理の娘がわたしの実の孫を連れてどっかに

行っちゃったりするんだから……」

　ソートウもこう言う。「実の孫と義理の孫が，いったい何人いるのか，もうよくわからないんですよ。誰がどこにいるのかすらわからないこの私に，孫の生活を向上させる，なんてたいそうな役割を果たせるわけがありません。まあ，私らだって，これでいいと思ってるわけじゃありません。祖父母ってのは，バースデーカードを送るだけの人間じゃないでしょうから……」

　イボンヌはこう分析している。「そうですね，私は祖父母のあり方がわからなくて混乱しています。二度の結婚を経てジェイミスンと暮らすようになりましたが，そのあいだ祖父母とは何たるかなどということは考えもしませんでした。実は，以前の夫方の義理の孫と，今でもときどき会っているんです。これって，祖父母役をやっているってことなんでしょうか。少なくとも，実の孫に対して，もっとちゃんと付き合っていくにはどうしたらいいんでしょうか」

　ジェイミスンはこう話す。「私の家族関係の不安定さは，そっくり子どもたちにも引き継がれてしまいました。確かに，私は子どもにとっていい手本にはなれませんでした。だからといって，もっといい方法があったとも思えません。バラバラになっているものを拾い集めて，混乱状態を整理していくことに余生を費やすことになるのかしら……」

　カルメン，ソートウ，イボンヌ，ジェイミスンは，孫ともっと有意義な関係を作っていきたいと考えているため，連立家族での祖父母の役割をはっきりさせるための，ガイドラインに従うことに関心をもつようになった。なぜかというと，つき合っている孫との有意義な関係をより強化する方法がわからなかったからである。ただ，孫の数の多さに困惑していた。4人とも，実の孫と，見返りの期待できない義理の孫と，全員

に責任を感じていたので、罪悪感や懸念を持ってしまうのだった。

　祖父母の「特別な役割」を推し進めるには、祖父母の責任を適正な範囲に絞らなければならない。カルメン、ソートウ、イボンヌ、ジェイミスンの場合、血のつながった孫だけに責任を持つようにしたところ、ことはずっと簡単になった。つまりカルメンとソートウがしてきたような、実子の子育ての方針に従うのではなく、また、イボンヌとジェイミスンがしてきたような、単に近くに住む相手とだけつき合うのでもない。必要なことは自分にとって誰がいちばん大事かを考えることだったのである。

　また、「特別な役割」を持つ祖父母の孫育ては、すべての孫を——どこに住んでいようと——平等に扱うという原則に従うべきで、遠くに住む孫とも近くに住む孫ともつきあいを続けるための計画をちゃんと考えなければならない。これは、すべての主たる家族関係を開放的で有意義なものにしておくためには、当然のことである。

　カルメン、ソートウ、イボンヌ、ジェイミスンも、実の孫に集中するようにしてみた。すると、義理の孫にも責任を果たさなければという重荷から解放されて楽になった。実の孫の関心事に精通するようになり、旅行に連れていくなど、一緒に行動する機会が増えた。一人ひとりの孫と一対一で向き合えるようになったので、心が安定し、家の外の世界に関心を広げたり、地域活動に参加するだけの余裕が出てきた。

　孫との接し方を変えるというこの方策をとってみて、カルメン、ソートウ、イボンヌ、ジェイミスンが気づいたことのひとつは、実子との関係まで深まったということである。それまでは、実の孫と義理の孫の両方に気持ちが分散していたために、浅い関係しか築けなかった。しかしおかげで、今は祖父母業の質が向上した。もちろん、こういう接し方に変えたせいで、義理の孫のなかには不利益をこうむる者もいたかもしれ

ない。義理方の祖父母との交流がうまくできていない場合もあるからである。しかしたいていの場合は，両親やその他の親族が，その子どもの気持ちを満たしてくれたと思われる。

　他の家族の「特別な役割」を持つ祖父母と同じく，カルメン，ソートウ，イボンヌ，ジェイミスンも，連立家族にバランスを持ちこむための第一歩をなかなか踏み出せないでいた。元の親戚，義理の家族，義理の親戚といった複雑な関係に，長いあいだ甘んじてきたために，すぐに優先順位をつけるのは容易ではなかった。ただ，祖父母としての存在価値を高めたい，実の孫と義理の孫との関係を整理したいということだけはわかっていた。また，それまできちんと時間やエネルギーを配分できなかった社会活動に，興味を感じていたし，実際に地域活動に積極的にかかわりたいという思いもあった。

　連立家族の中で個人個人の祖父母の立場を認識するためには，連立家族のメンバーであることの意味を，掘り下げて考えてみたほうがいい。次に，連立家族の特徴をあげてみよう。

1．連立家族は，他の家族に比べて不安定である。離婚や離別の発生率が高く，一夜にして家族が増えたり減ったりする。
2．義理関係の姻族の数が多いため，連立家族の範囲は広い。そのため他の家族よりも，家族関係が複雑になりやすい。
3．連立家族のメンバーは，広範な家族姻族に支えられて，安心感や社会とのつながり意識を持ちやすい。親と子だけの核家族の中にいるより，個人の安定感は高まる。
4．連立家族のメンバーは，家族姻族が自由に出入する環境にいるため息抜きがしやすい。また特定の人から監視を受け続けるこ

とが少ない。
5．連立家族のメンバーは，他の家族よりも苦痛や絶望感を味わうことが多く，お互い過大な期待を持たない。
6．連立家族は，伝統や因習の残る地域では，社会から不当な扱いを受けることもある。
7．連立家族は，他の家族に比べて上の世代とのつながりが薄い。過去の価値観を持ちこまれるのを嫌がり，年寄りを遠ざける傾向があるからである。
8．連立家族のメンバーは，他の家族のメンバーより社会参加の意向が強い。家風に縛られずに，社会で真価を発揮できるからである。

　以上のような，連立家族独特の特徴を知ったカルメン，ソートウ，イボンヌ，ジェイミスンは，自分たちの家族のバランスを整えにかかった。「特別な役割」を持つ祖父母として第一歩を踏み出したことは，彼らが自分自身，家族，孫，地域社会をどう考えているかを表わしている。

「特別な役割」を持つ祖父母と連立家族

　カルメンは，義理の孫よりも実の孫ともっと密接に付き合おうと決心すると，実子からの批判や義理の孫の落胆に耐えなければならなくなった。
　ソートウも，祖父の責任の範囲を限定し，実の孫に集中するようにしたので，同じような経験をすることになった。彼はまず，実の孫をスポーツ大会に連れだしたり，一緒にウォーキングをするようにした。祖

父の役割について，実子から主導権をとりかえしたので満足だった。そして実の孫を自分がやっている地元の教会でのボランティア活動に参加させた。

イボンヌは，率先して孫を訪ねてゆき，多くの家族とつきあい始めた。孫を定期的に訪ねるうちに，家族のネットワークが築かれてゆき，彼女の家族には安定感が出てきた。家族にバランスを持ちこむようになってから，彼女は近所のスポーツクラブでエアロビクスを始めた。そしていろいろなスポーツイベントに実の孫を連れていくようになった。

ジェイミスンは，地理的に離れたところに住んでいる孫を訪ねるため，頻繁に旅行するようになった。何年も音信不通だった多くの親戚に連絡し，交流を再開した。彼は家族に安定感とバランスを持ちこんだ。ジェイミスンは実子との関係も改善し，ここ数年感じたことのなかった充実感を味わっている。

連立家族での「特別な役割」を持つ祖父母は，家族の基本的構造を再活性化するよう努める責任がある。孫に，心の安定を与え，帰属意識を植えつけるためである。連立家族の中に実の家族関係が存在している場合，義理の家族はたいていはその実の家族を元に成り立っているのであるが，実の家族のメンバーは義理の家族関係にとってしっかりした基盤そのものなのである。

カルメン，ソートウ，イボンヌ，ジェイミスンは，実子との絆をどうにか深めることができたので，連立家族における祖父母の役割を，阻害されずにすんだ。実の兄弟姉妹，実の子，そして実の孫という本来の家族の結束力は固くなった。カルメン，ソートウ，イボンヌ，ジェイミスンは，その後も姻戚関係や義理の家族と，互いに尊重しあう関係を続けてはいるが，以前ほど余計な気を使わなくてすむようになった。義理の孫への義務感から解放されて，実の孫との絆を思う存分深めることがで

きるようになったのである。

連立家族と改革

　連立家族にバランスを持ちこむと，その家族は強固になる。連立家族の中の基盤的な関係がしっかり維持されるようになるので，その家族関係は，より柔軟になるだけでなく，より結束力のある，より明確化されたものとなる。家族のメンバーは，バランスを取り戻した連立家族から，大きな安心感を得ることができ，本当にやりたいと思っていることを実行に移すため，外の世界へ羽ばたいてゆける。つまり連立家族のバランスが整うと，住んでいる地域が活性化するだけでなく，家族のメンバーひとりひとりが地域を越えて，社会に広く貢献できるようになるのである。

　連立家族のバランスを整えることは，離婚や死去にともなう痛手から家族を救うことにもなる。バランスのとれた家族は，メンバー一人ひとりに——特に孫たちに——大きな安心感を与えるので，離婚や死去により大切な人を失うという，ショックを和らげることができる。連立家族の交流は広範囲にわたり，しかも活発なので，心の穴を埋める相手を見つけやすい。

　「特別な役割」を持つ祖父母は，連立家族を広く社会の改革活動に参加させるよう働きかける。カルメンは，高齢者に歴史を教えはじめた。そして孫に，受講者登録の手伝いをさせた。孫のなかには実際に彼女のクラスを受講し，カルメンの講義から多くを学んだものもいた。

　ソートウは，家族にバランスを持ちこみ，祖父としての存在感を高めることにできるかぎりの手は尽くしたあと，次に，教会でボーイスカウトの一団を預かることにした。彼は孫といっしょにスポーツイベントに

参加したり，ウォーキングをしたり，恵まれない子どもも多くいるボーイスカウトの団員と，キャンプに行ったりした。

イボンヌは，エアロビクスインストラクターの資格を得て，スポーツクラブでパートタイマーとして働き始めた。スポーツクラブの子供用施設の無料パスをもらえる特権があったので，孫のためにそれを使った。孫といっしょに運動をするようになって，彼女自身も孫も大いに自信を得た。

ジェイミスンは，家族の歴史を書き始め，それを孫に読んで聞かせた。執筆にあたっての調査，たとえば図書館に行くときなど，孫もいっしょに連れていった。彼は地元の図書館の役員を務め，地域の公立学校と連携して，蔵書の充実をはかった。

カルメン，ソートウ，イボンヌ，ジェイミスンはみな，祖父母の「特別な役割」の一環として，家の外に出て，地域社会の改革に貢献した。彼らは，自分がやっていて楽しめることをやり，孫を地域活動に巻きこみ，目標に向かってまい進した。カルメン，ソートウ，イボンヌ，ジェイミスンは，家庭の中だけでなく地域社会においても存在感のある人間になったので，孫たちは彼らを改革者として尊敬し，その姿勢を見習うようになった。

連立家族は，多種多様な家族で混成されているとはいえ，基本構造がしっかりしていさえすれば，全体として結束していけるものである。連立家族のなかの「特別な役割」を持つ祖父母は，基本構造を活性化させ，その状態を維持するのに欠かせない存在である。祖父母が実子とその子孫に十分目をかけてやれば，連立家族の中でひどい対立が起きたり孤立化したりするのを抑えることができる。そして孫は，心理的な安定感と安心感を得られる。

連立家族が，柔軟で開放的な関係にあるならば，どんな種類の家族よりも安心感と創造力のある家族となる。連立家族は複雑な関係で成り立っているので，いろいろな種類の人間が参入し，家族生活は多彩に展開するだろう。ただし，連立家族はつねに不安定要素をかかえており，世代間のつながりに根ざしていないので，家族への帰属意識が十分育めないおそれがある。

　「特別な役割」を持つ祖父母が連立家族にバランスを持ちこむためには，また連立家族のために貢献するには，次のような方法がある。

1．連立家族のなかにあっても，実の家族の特性を保てるよう，祖父母の上の世代と子を結ぶ家系の絆をしっかり固める。
2．義理の孫よりも，実子をとおした実の孫との結びつきを優先する。
3．家族の絆を柔軟なものにするために，家族関係をなるべく開放的で実りあるものにする。
4．孫のためにできるだけのことをし，さらに地域社会に貢献できることを探す。
5．孫をなるべく地域活動に引き入れる。そして孫に，家族の一員である以上，恵まれない人のために役立つ仕事をする責任があることを教える。
6．多くの家族や親族と交流を保つために，家族史を書いたり，写真を撮ったり，Eメールを送ったり，訪問したり，集まる機会を設けたり，重要な家族行事に参加したりする。
7．家族の死去や離婚により断絶が起こるのを防ぐ。また，家族間に直接対話するのを拒むような対立関係がある場合には，仲介役を引きうける。

カルメン，ソートウ，イボンヌ，ジェイミスンは，孫が連立家族の一員であることで苦しまないようにと以上のようなことを実践した。彼らが地域社会で力を発揮したことは，家族にも好影響を与えた。とくに孫は，祖父母が家庭から外の世界へ活動を広げていったことで，直接的にも間接的にも多くを学んだ。

　このように，「特別な役割」を持つ祖父母は，連立家族を強く，健康的な家族にするための重要な任務を負っている。連立家族が目標を達成するには，幾人かの家族のメンバーの協力が欠かせないが，いずれにせよそれは，祖父母のひとりが「特別な役割」をにない，現状の行動パターンに変化を与えることから始まる。それが家族全体に，ひいては地域に波紋を広げてゆくのである。

第3部　「特別な役割」を完遂する

第13章　世代から世代へ

　祖父母が「特別な役割」を果たすというのは，自分のために生き生きと暮らし，同時に，家族と社会の幸せのために意識的に建設的にはたらきかけることを意味する。祖父母には孫の人生に大きな変化をもたらす力があるのだから，苦労して得た知恵を孫に継承するのはすばらしいことである。孫が人生を歩みはじめるとき，祖父母の与えたものは未知なる将来にきっと役立つものとなろう。

　家族とのかかわりあいや祖父母になる可能性を考えるには，従来の祖父母の定義，またはコマーシャルで使われるような祖父母の定義を超えなくてはならない。特別な任務をになう祖父母は，自分を信じ，自分に正直に行動する。その結果，実りある貢献ができるのである。祖父母は，自分にしかできない祖父母の役割を展開し，家族と社会を幸せにする地盤を築いたとき，「特別な役割」を完遂することになる。祖父母は，家族の中で世代をつなぐ立場にいるので，家族関係を強固なものにしていける。実際，人生に対するこの前向きな姿勢こそ，祖父母が社会全体に幅広く貢献できるもとになっているのである。

　祖父母の「特別な役割」は，あの世に行くときになって始めて完遂となる。なかには，死後まで子孫に影響を及ぼし続ける「特別な力」を持つ祖父母もいる。「特別な力」を持つ祖父母の伝説は，未来の子孫や家

族，そして社会の生きた財産となることもある。

　好むと好まざるとにかかわらず，「特別な役割」を引き受けようが引受けまいが，多くの場合，祖父母の貢献は死亡時に任期満了となる。しかし「生命」は，私たちが死んだあとも続く。親と子だけの核家族の間だけでなく，何世代にもわたる広大な親族の間で「生命」は続いていく。私たちは，何者であっても，どんな状況であっても，死んでいようが生きていようが，遠い過去からまだ見ぬ未来へつながる，世代から世代へ流れる大海の一部なのである。

　もし私たち祖父母が無意識に無自覚に生きて，祖父母の「特別な役割」を真剣に考えなければ，家族の行動様式に流されてしまい，生活を向上させるような家族関係を生み出すことなどできないだろう。現状のままの家族関係を変えなければ，世代ごとに繰りかえされる行動パターンにとらわれたままになる。とらわれの状態で悪戦苦闘しているだけでは受け身の生き方しかできず，家族のなかでも社会の中でも自分の能力を思う存分発揮することはできない。

　だが，祖父母の「特別な役割」を引き受け，それを精一杯果たしていけば，私たち自身が生きがいを感じられるだけでなく，孫や，もっと未来の子孫を家族の悪影響から守ってやることができる。私たちが行動を起こせば，孫だけでなく，息子や娘もとらわれの感情から解放され，地域活動や社会に自由に出てゆけるようになる。

　グレン，アネット，アルバート，ロースは，まあまあバランスのとれた家族の祖父母で，郊外のある同じ町に住んでいる。彼らの家族は数世代前にこの地域にやってきた。グレンとアネットは家族の歴史をほとんど知らず，特定の行動パターンが家族の中で何世代も続いてきたことに気づいていない。自分たちは両親や祖父母とまったく違う暮らしをしていると思っており，自分たちが孫に影響を与えることなどないと思って

いる。それに対してアルバートとロースは，ともに家族の歴史に詳しかった。アルバートは少年時代から家族の写真を集めてきているし，ロースには「家族の歴史家」のおばがいて，彼女が死ぬまで多くのことを教えてもらった。アルバートとロースは，グレンやアネットよりも祖父母業への関心が強く，世代から世代へ伝わる連鎖性にも気づいており，自分たちは孫に強い影響を与えられると信じている。

　「俺は家族の歴史なんてほとんど知らないな」とグレンは言う。「そんなこと考えたこともないさ。どっちにしろ俺が，子どもや孫に，影響を与えられるなんて思えないよ」

　アネットもこう言う。「過去が大切だってことはわかるわ。ただし過去のできごとが社会全体の人に影響を与えた場合だけね。でも，あたしがあたしの家族の過去を知ったからって，誰に何の影響があるっていうの？」

　アルバートはこう話してくれた。「僕は家族の過去をよく知っていて本当によかったと思う。孫に，彼らの曹祖父母や大おじ，大おばの話を聞かせてやることは，孫がこれからの人生で岐路に立ったときっと役に立つと信じている。まあ，僕が祖父として孫にしてやれる最大のことは，家族の歴史を語ってやることだと思う」

　「わたしは小さいときからおばが大好きでした。おばから家族の話を聞きながら育ったようなもんですよ」とロースは語る。「おばから聞いた話は，自分が生きていくうえでずいぶん役に立ちました。だから今は孫たちに，わたしの家族の過去をいっぱい話してあげているんですよ。孫が耳を貸そうとしないときは，言いたいことを別の方法でなんとか伝えるようにしています。どれもこれも大切な人生の教訓ですから」

　「特別な役割」を持つ祖父母は，家族の世代間連鎖を重要視する。彼

らは家族の歴史の細部まで知らないかもしれないが、家族の悪い癖や性格を繰りかえさずに済むように、親戚や先祖についてできるだけ多くの情報を集める。つまり彼らは、世代間連鎖の影響力の強さと、祖父母の役割の大切さに気づいているのである。

「特別な役割」を持つ祖父母はまた、自分と孫の人生に責任を持つためには、世代を超えて伝わってきた、破滅的行為の悪循環を断ち切る必要があることを知っている。たとえば、過去に家族のなかで不慮の死が続いていた場合は、その不幸なできごとに対する知識を深め、同じ状況に陥らないための予防策をたてることで、今の家族を救うことができる。つまり、世代間連鎖をしっかり認識することが、孫を守ることにつながる。それに反して家族の過去に無関心でいると、不慮の死が次の世代でまた起こる可能性が高くなる。

グレンとアネットの家族は、過去に問題行動を繰りかえしていた。グレンの家の男たちのあいだでは、アルコール依存症がまん延していた。アネットの家族には、若くして赤ん坊を産んでしまう女が何人かいた。正式に結婚していない場合もあり、育児の負担と経済的な苦しさと戦っていた。グレンの家のアルコール問題は、多くの家族に悪影響を及ぼしてきたし、グレン自身もアルコール依存気味だ。アネットの家族の年若い母や未婚の母は、いつも貧しく、十分な教育も受けず、責任を持って子育てできる以上の数の子どもを産んでいた。なかには家族の支援もなく、早死にする者もいた。

アルバートとロースは、自分たちの家族の過去の問題についてかなり詳しく知っていた。アルバートの家族には、心臓疾患に関連する健康問題をかかえている人間が、男女を問わず何人もいた。一方、ロースの家族には十代に学校を中退して十分な教育を受けていない人間が多かった。アルバートもロースも家族の弱点をいくらか認識していたので、子

や孫にはそのことをよく聞かせてやる必要があると思っていた。家族に不健康な食生活と運動不足を繰りかえす傾向があることを知っていたり、学校に通って勉強を続けることが嫌になってしまう性格があることを知っていれば、アルバートやロースの子や孫は、感情のおもむくままに暮らさないよう気をつけるはずだ。もし考えなしに行動をしていたら、彼らは一時しのぎの誘惑に負けて、悪習のパターンにはまってしまうだろう。だが、自分の行動の結果がどうなるかをいつも注意深く考える習慣があれば、心臓疾患や中途退学を回避することができる。

　このように、アルバートとロースとその孫たちは、グレンとアネットとその孫たちよりもうまく生活をコントロールすることができた。過去を知ることで、アルバートとロースは過去を繰りかえさずにすんだ。またこの知識があれば、孫の人生にもいい影響が与えられると確信している。アルバートとロースが孫の早世や勉強不足を防ぐのに成功すれば、彼らはまさに運命を塗りかえたことになるのである。

　つまり、「特別な役割」を持つ祖父母は、家族の歴史を掘り起こすだけでなく、悪習のパターンが今の世代に引き継がれないよう、それなりの介入を計画しなければならない。それには祖父母が孫と充実した時間を過ごしたり、地域活動にかかわったりするだけでは不充分で、孫を教育して、家族の遺産のもっとも良い部分を残したいと彼らに思わせるように仕向けなければならない。「特別な役割」を持つ祖父母は孫に、「聞くこと」「見ること」「話すこと」を教える。すると孫は、家族の中で世代から世代へ引き継がれてきたことをよく知り、よく考える人間になるのである。

　「特別な役割」を持つ祖父母は、家族の世代をつなぐという特別な立場にいることを利用して、できるだけ多くの情報を見つけ出す。世代か

ら世代への流れの中に自分自身を据え，自分たちの祖父母や上の世代の親族が築きあげた家風や行動パターンから，後の世代に伝えてゆくのにふさわしいものを判断する。

　情報収集がむずかしい場合でも，家族の連続性を意図的に展開させてゆくことならできる。どんな行動パターンの連鎖が，家族一人ひとりを，とりわけ孫を，苦しめるのか楽にするのか見極めることはできる。世代間連鎖の流れの方向は，「特別な役割」を持つ祖父母が現時点で向けた方向に決まる。

　グレンとアネットは，家族の過去の行動を知らなかったために，「特別な役割」を持つ祖父母という点ではアルバートやロースには遠くおよばなかった。また，グレンとアネットは，家族の歴史を集めることに無関心で何もしてこなかったので，彼らの孫が家族に伝わる悪習に染まる危険性は，アルバートやロースの孫よりも高かった。「特別な役割」を持つ祖父母であるかどうかは，過去の知識を持っているかどうか，また，過去と現在を結びつけて考えられるかどうかによるといえる。

　「特別な役割」を持つ祖父母は，行動パターンの世代間連鎖について，次の側面に気をつけることである。

1. さまざまな世代の家族に，同じ行動パターンが繰りかえされているか。
2. 繰りかえされる行動パターンのうち，特に孫に悪影響を与えるものがあるかどうか。
3. 家族に悪影響を与える悪習を断つチャンスがあるかどうか。
4. 悪習が何世代にもわたって続いている場合，それを変えることに対する抵抗がどれだけあるか。
5. 何世代にもわたって続いた悪習の原因は何か。

6．悪習を引き継ぐプロセスに，自分が加担しないですむ方法はあるか。
　7．世代を超えて引き継がれるうちに，増幅してしまった悪影響から孫を守る方法はあるか。
　8．今の世代に，新しい行動パターンを持ちこむことを，親戚にも協力してもらえるかどうか。

　過去の世代が今の世代に悪影響を及ぼしているなどと考えたこともなかったグレンとアネットには，過去の悪習から孫を守ろうという発想は生まれなかった。アルバートとロースは家族の過去の情報を積極的に集めたので，孫が同じ落とし穴にはまらないよう事前に教えてやることができた。
　「特別な役割」を持つ祖父母は，このように世代間で継承される連鎖反応を断ち切るための「松明持ち」でなければならない。同時に，現在も隠れて待ち伏せしている過去の「怪獣」から身を守れるよう，孫を教育しなくてはならない。孫がその恐ろしさを理解していなければ，自分で自分の身を守り，連鎖行動のわなにはまりやすい傾向を断ちきることはできないのである。

「特別な役割」を持つ祖父母と世代間連鎖

　祖父母はふつう，家族のなかで生存するもっとも年上の人間なので，自分たちより上の世代から口伝えで情報を集めるのはむずかしいだろう。だが，過去について考える習慣をつけることは，「特別な役割」を持つ祖父母の基本の一つだ。それにより，あらゆる機会を逃がさず，上の世代の情報をキャッチすることはできる。素直に耳を傾けることは，

過去から現在へ引き継がれてきた行動パターンの悪循環を断つための強力な第一歩である。

　グレンとアネットは、過去の世代の家族が何をしてきたか知らないかぎり、今の家族にどんな働きかけをしても無意味に終わり、「特別な役割」を持つ祖父母にはなれない。「特別な役割」を持つ祖父母は、家族の過去に対する知識から歴史的視野を得て、家族と社会のため、孫の成長のため貢献する。歴史的視野を持っていさえすれば「特別な役割」になれるわけではないが、祖父母業を現実的に展開しようというなら、過去の世代がどんな生き方をしていたかについての知識を少しは持っていなければならない。家族にアルコール中毒や若年出産の傾向があることを知っていれば、孫にも、アルコールやセックスの誘惑に負けやすい体質や性格があることを話せたはずである。

　一方、アルバートとロースは、「特別な役割」を持つ祖父母になるために、世代間連鎖の重要性を認識し過去を注視することができる。家族に心臓疾患者や中途退学者が多いことを知っていたおかげで、孫にも注意を促すことができた。

　理想をいえば、「特別な役割」を持つ祖父母は、過去の世代の家族に何が起こっていたかを詳しく知った上で、今の家族と社会にどんな貢献をするか決めるのが望ましい。過去のことを知らなかったり、知ろうとしなかったりすると、非建設的で望ましくない行動パターンは、いつのまにか孫の世代に引き継がれてしまう。「特別な役割」を持つ祖父母は、悪習が世代を超えて伝わるのを食い止める力があることを自覚し、孫の代で繰り返されないよう注意したり警告したりする。「特別な役割」を持つ祖父母はまた、現状の家族関係にメスを入れ、話をしやすい関係を築き、悪習が自動的に反復されるのを防ぐ。

　グレンとアネットは世代間連鎖に無関心だったために、今でも、グレ

ンの家族にはアルコール中毒の男がおり，アネットの家族には若くして子どもを産んで，十分な人生をまっとうできないでいる女がいる。しかし，「特別な役割」をになったアルバートとロースは，もっといい結果を得られた。心臓病にかかるアルバートの家族は減り，ロースの家の若い家族も，以前に比べて高等教育をきちんと受けるようになった。アルバートとロースの孫は，祖父母の「特別な役割」の恩恵を受けたのである。

世代間連鎖と改革

　家族が変化するスピードは遅く，行動パターンが世代を超えて継承される場合には，それを変えるのは簡単なことではない。過去の世代に続いた悪習を断ちきったり変えたりするのは，特別な行動を起こさないかぎり不可能で，今の世代も同じパターンを繰りかえしてしまうだろう。

　「特別な役割」を持つ祖父母は，孫の成長に害をおよぼす悪い行動パターンの軌道修正をする責任を負っている。無意識の反復から孫を守るために，「特別な役割」を持つ祖父母は軌道修正の方法をさぐり，もっと建設的な行動パターンにエネルギーを注ぐことを考えなければならない。悪い行動パターンの生む悲惨さを少しでも知っていれば，祖父母は改革を起こすきっかけをつかむことができる。

　グレンとアネットは，家族特有の行動パターンを，過去，現在，未来とつなげて考える視点に欠けていたので，何の変化も生み出せなかった。二人は当然何の改革も行わなかったので，家族の行動パターンは少なくとももう一世代ぶんは現状維持されてしまい，孫がアルコール中毒や若年出産の犠牲者になるのを防げなかった。

　それに対してアルバートとロースは，家族の悪習を断ち切るためにで

きるだけの変化を起こした。彼らは家族関係のバランスを崩すような行動や，硬直した見方やふるまい，秘密主義，家族のメンバーの自由自立を制限するような行動にいっさい加担しない姿勢を示した。計画的に自発的に介入し，家族の行動パターンの流れの方角を変えた。その結果，体をこわす人は減り，勉強をする人は増えた。アルバートとロースの孫たちは，祖父母の指導力の恩恵を大いに受けた。アルバートとロースが祖父母の「特別な役割」に真剣に取り組んでいなければ発生したであろう問題を回避できたのである。

アルバートとロースは，家族の改革に加えて，地域活動にも自由に参加するようになった。アルバートは貧しい人の健康管理のために無料クリニックを開いた。ロースもやはり同じ地区で，貧しい人のための就職カウンセラーの仕事をボランティアで引きうけた。孫たちは，祖父母が地域で活躍している姿から多くを学んだ。アルバートやロースの他人に対する情熱に触れて，孫たちも，恵まれない人に手を差し伸べる方法を模索するようになった。

一方，グレンとアネットは，家族問題にとらわれつづけ，外で活動するだけの時間もエネルギーも持てなかった。グレンのアルコール依存症はひどくなる一方で，アネットも長年患っていた慢性病がひどくなってきた。このようにグレンとアネットは，家族の世代間連鎖の犠牲者となり，現状を改革する「特別な役割」を持つ祖父母にはなれなかった。

祖父母が世代から世代へ受け継がれた悪い行動パターンに注意し，そのパターンをうまく変えることができると，次のような成果が現れる。

   1．家族関係は自由で自立したものとなり，家族のバランスはよくなる。

2．過去の世代にできあがってしまっていた行動パターンも，これ以上繰りかえされなくなる。もしくは，若い世代がそのパターンにはまらないようになる。
3．家族のメンバーが，いい人生を送れるようになる。孫は個性を存分に伸ばせるようになる。
4．孫は，過去の影響力の強さを知ることができる。孫もまた，悪習が繰りかえされないよう予防策を立てることができる。
5．「特別な役割」を持つ祖父母は，世代間連鎖の問題を防ぐために，家族の他のメンバーにも，家族関係を開放的な，バランスのとれたものにすることの重要性を教え続けることができる。
6．悪癖のパターンにうまく変化を持ちこめたとしても，それで新しいパターンが定着するとは限らない。なぜなら，問題行動が広がるのを防ぐためには，努力をずっと続けなければならないからである。
7．世代間連鎖の障害を取り払った祖父母は，地域社会にかかわり，貢献することができる。
8．家族だけでなく社会にも貢献する祖父母の姿から，孫は多くを学ぶことができる。

　グレンとアネットは，「特別な役割」を果たすことで得られる成果を家族と享受できなかったが，アルバートとロースは，家族関係に大いなる改革をもたらすことができた。悪い行動パターンは単に世代から世代へ継承されるだけでなく，孫の健やかな成長を阻害する強い力を持っている。困ったことにこの影響力は，よい行動パターンが過去の世代から孫に継承される影響力よりも強いのである。

第14章　　遺産をのこす

　「特別な役割」を持つ祖父母が孫に残せるもっとも貴重な遺産は，自分が育んできた価値観をもとに，充実した豊かな人生を送るにはどうしたらいいかを話してやることである。自分の人生に意味を見出している祖父母は，孫にとって生きた見本となる。祖父母が育んできた価値観をいつも行動に移していると，孫もそれを見習うようになる。物質的な財産を残すことも重要かもしれないが，長い目で見れば，孫には生涯を通じて自分自身や家族の役に立つ知恵や技術のたぐいを残してやる方が有意義である。

　「特別な役割」を持つ祖父母が孫に残す遺産には，家族の歴史はもちろん，社会との広いつながりがある。「特別な役割」を持つ祖父母が信念をもって行動していると，外に出ていくことをよしとする家風が生まれる。そこでは家族一人ひとりが地域や社会に出ていき，自分に合った貢献をするようになる。

　すべての祖父母は必然的に社会とのかかわりを持っているが，それはたいてい没個性的で表面的な関係であることが多い。「特別な役割」を持つ祖父母の個性的で内容の濃い遺産は，基本的には家族交流をとおして形成される。祖父母の生き方そのものが，孫や家族に引き継ぐいちばん貴重な遺産になる。

ドーン，ゲイリー，ジョージア，ロンは，大学卒の中流家庭の祖父母である。ドーンとゲイリーは30年間自営の小売店を経営しており，小さな町ではよく知られた夫婦である。3人の子どもと5人の孫が近くに住んでいる。ジョージアとロンは公務員として保健医療関係の仕事に長年携わってきたが，旅行と趣味を楽しもうと引退した。ふたりは同じ小さな町に20年以上も住んでいるが，隣近所の人はあまり知らない。同じ州に2人の子どもと4人の孫がいる。

　ドーンとゲイリーは，孫が自分たちのことをずっと覚えていてくれるように，また，つらい境遇にあっても乗り越えられるように，遺産を残したいと考えていた。ドーンとゲイリーは人との付き合い方を知っていたので，結婚生活も商売もうまくいった。それで彼らはそのコツを孫に伝えたいと思っていた。

　ジョージアとロンは退職し，神経をすり減らす職場から解放され，ほっとしていた。今いちばんやりたいことは旅行と決めていたが，友だちや親戚とも連絡を取りつづけるつもりだった。ジョージアとロンは，孫に対して何かしてやりたいという気持ちは漠然としか持っておらず，旅行やレジャーに全財産を使いきるつもりはなかったので，その残りの資産を孫に残そうくらいにしか考えていなかった。

　「わたしは孫を本当に愛してるの」とドーンは言う。「あの子たちのためになることだったら何でもするわ。わたしもいろいろ苦労してきたおかげで強くなったし，どうやって乗り越えていったらいいか知っているつもり。それを孫に教えてあげたいの。余計なことに振り回されないようにね」

　ゲイリーはこう話す。「祖父になることがこれほど重要なことだとは思わなかったよ。孫には，お前たちは何者なのかってことを教えてやりたい

ね。まあ，簡単にできることじゃないが……。孫たちには，強く情熱的な人間に育って欲しいと思ってるよ」

　ジョージアはこう言う。「退職する日を心待ちにしています。わたしは子育てを十分してきましたから，今度は子どもが子育てをする番だと思います。早く自由になって，どこへでも行けるようになりたいです」

　ロンは嬉しそうに声をあげる。「やれやれ，やっとオーストラリアに行ける！　自由の身になるのを何年も待ち望んでたんだ。早くここを出たいよ。淋しがるやつなんていないさ。ああ，すばらしい日々よ！　俺たちがいなくたって，家族は何とかやっていくだろうさ」

　ドーン，ゲイリー，ジョージア，ロンが対照的な祖父母の道を歩もうとしているのは，祖父母の役割に対する考え方と，孫に遺産を残すことに対する責任感と関心の度合いに違いがあるからである。ドーンとゲイリーは，孫に何か特別な遺産を残したいと望んでいるので，できるかぎり孫とかかわっていきたいと考えている。一方，ジョージアとロンは，祖父母の責任と思われていることは，基本的に息子や娘にまかせてしまっている。

　孫に遺産を残すという考え方に対してこれだけ違いがあるため，孫をいろいろな活動に一緒に参加させるよう努力しているのは，ドーンとゲイリーだけである。ドーンとゲイリーは，家族の歴史にも関心が高く，いままでの旅行はいつも遠くに住んでいる親戚を訪ねることを中心にしてきたので，これからは，一度も会ったことがないか，めったに会わなかった親戚と連絡をとろうと決めた。ドーンとゲイリーは，孫が生まれたときから多くの時間を孫と一緒に過ごしてきたので，親戚を訪問する旅行にはなるべく孫も連れていくようにしていた。ある程度大きくなった孫をひとりだけ連れ出すこともあった。そうすると，選ばれた孫は，

特別扱いしてもらったことをとても喜んだ。

　それに対してジョージアとロンは，観光名所を旅行したり，異国情緒豊かな土地へパッケージツアーで出かけたりしていた。ふたりの旅の目的は，ふだんの生活から離れること，世界中を見ることであって，自分たちの心を満たしてきた，または今も満たしている人たちとの絆を深めることではなかった。ジョージアとロンは，旅行にわざわざ孫を連れていきたいとは思わず，旅行の合間に自分たちの都合にあわせて，ときどき孫のもとを訪れた。孫への誕生日やクリスマスのプレゼントを欠かしたことはなかったが，孫がどんなふうに成長しているかに関心はなく，自分たちが孫のために何かしてやろうなどとは，考えもしなかった。

　こうしてドーンとゲイリーは，祖父母の「特別な役割」を引きうけ，孫に，これからの人生で必要になる知識の基礎となることを引き継がせることにした。それに対してジョージアとロンは，自分の楽しみのための旅行とレジャーの計画に忙しかった。型通りのコマーシャルの作り出した祖父母像にすっかりはまっている。ドーンとゲイリーは孫に遺産を残したいと意識していたので，どんな遺産が残せるかつねに考えながら生活を送った。ジョージアとロンは，旅行やレジャーに使った残りのお金を孫に残す遺産にするつもりだった。旅行や趣味にどれだけ使うか計画していたので，残りの財産はちゃんと孫にいくはずである。

　ドーンとゲイリーのように，「特別な役割」を持つ祖父母は，孫に残す遺産とはどんなものかよくを考えている。祖父母が自分の人生を有意義だと思えるかどうかのひとつに，自分たちが死んだあとも，孫に覚えていてもらえるかどうかということがある。「特別な役割」を持つ祖父母は，墓の中からでも孫にある程度影響を与えることができることを知っている。そのためもっとも効果的で建設的な方法を探りながら，この特権を最大限に生かしたいと考えている。孫に残す遺産をまとめてい

く作業は，祖父母の過去，現在，未来の経験をつなぐことであり，この作業をとおして，「特別な役割」を持つ祖父母は，自分の時間とエネルギーの使い方に関して，より広い視野を持つことができるのである。

　孫にどんな遺産を残すか考えるのは大仕事だが，それを考えることで祖父母の行動は違ってくる。「特別な役割」を持つ祖父母は，金銭的なものも大切だが孫の人生を左右するような心の支えになる遺産のほうがもっと重要だと考える。孫に遺産を残すことに対する考えには次のようなものがある。

1．孫が人生に直面し，自分の可能性を切り開いていくとき，どんな支援ができるか理解する。
2．孫が祖父母と同じ過ちを繰り返さないように，祖父母が得た知恵と知識を効果的に伝える方法を探る。
3．孫が自分の人生設計を広い視野で立てられるよう，祖父母は自分たちの過去，現在，未来の経験をまとめる。
4．孫が祖父母をインスピレーションの源として覚えていられるよう，家族と社会に貢献し続ける。
5．家族と地域の人たちとの関係を風通しのよいものに変えていく。こういう指導力を発揮しておくと，祖父母が死んだあともいい影響が続く。
6．孫に遺産を残すという考え方を指標にして，祖父母の目標とその優先順位を確認する。
7．孫と日々接触が保てるよう息子や娘と親しく気持ちよく付き合う。
8．遺産は生きているあいだに孫に伝えるものなので，自分の心と

体の健康には責任を持つ。

　ドーンとゲイリーは，孫への遺産を用意するという考え方から多くのことを実行できた。ジョージアとロンは，遺産について深く考えることはなかったが，人生を充実させ，楽しむことを自分たちの姿をとおして孫に伝えた。彼らは孫に悪い遺産を残したわけではない――悪い遺産とは，孫の代まで繰りかえされる問題のことである――が，財産の残りを譲るだけでは，価値のある遺産を残したとはいえない。

「特別な役割」を持つ祖父母と遺産

　ドーンとゲイリーは，孫を意識的に自分たちの生活に引きこみ，家族への帰属意識と祖先とのつながりの自覚を持たせるようにしている。ふたりは孫が将来，外の世界へ羽ばたき，人の役にたっていけるよう，心の基盤を家族の中で育ててやりたいと思っている。つまりドーンとゲイリーが残そうと決めた遺産は，孫が社会の荒波のなかで孤立感や不安感を持たずにすむ，家族の存在そのものである。
　ジョージアとロンは，孫にどんな遺産を残すか特に想定していない。孫を育てるのは息子夫婦や娘夫婦の責任で，自分たちには孫が必要とするものを満たす役割を果たす必要はないと考えている。息子や娘が大人になって独立した家庭を持った以上，親としての責任は果たし終えたので，これからは少し家族と距離をおいて，今まで楽しめなかった自由を享受したいと思っている。
　ドーンとゲイリーのように，「特別な役割」を持つ祖父母は孫を世代間連鎖の流れの中に位置付ける。人間が自立していく上で，家族こそが心の支えと基盤になることをよく理解しており，孫が家族や親族と良好

な絆を結んでいれば、将来いろいろな問題を乗り越えることができると知っている。「特別な役割」を持つ祖父母は孫のために、柔軟で強固な家族関係を築こうとする。そして孫が自分たちを手本にして、さらに次の世代に有意義な家族関係を引き継いでいくことを望むのである。

ジョージアとロンと同じく、ドーンとゲイリーも誕生日やクリスマスにはプレゼントを贈る。だが、それだけで孫と深い絆を結べるとは考えていない。しかしジョージアとロンは、祖父母の中心的役割はプレゼントを贈ることだと考えているので、あちこちの旅行先でみやげ物を買ってはそれを孫に与えている。孫はプレゼントをもらえば喜び、祖父母に疎遠にされていると感じることはないが、自分と祖父母のつながりに対する認識をそれ以上に深めることもない。

ドーンとゲイリーの孫は、祖父母をとおして多くのさまざまな親族に会うことができる。孫は、ときにはそれを面倒だと思うこともあるが、いろいろな親族に会うことで、自分の属している世界と自分自身のアイデンティティーを強く意識するようになった。年上の親戚やいとこから学ぶものもある。ドーンとゲイリーが話す家族の歴史や思い出話にも喜んで耳を傾けた。過去の話を聞くことで、孫は歴史的な視野でものごとを考える習慣がつき、それが祖父母の残す遺産の一部となったのである。

「特別な役割」を持つ祖父母は死んだあとも、若者に知恵を授けた重要な人物だったと記憶されるだろう。その称賛は祖父母が死ぬ以前に与えられるかもしれないが、「特別な役割」を持つ祖父母はそれを条件に孫に知恵を授けるわけではない。あくまで孫の将来のためにするのであって、感謝されることが目的ではない。

遺産と改革

　家族や地域社会への貢献が評価されるのは，「特別な役割」を持つ祖父母が死んだ後，長い時間が経ってからになる。祖父母の成し遂げたことは，はっきり目に見えるかたちで残ることもあれば，目に見えないかたちで残ることもある。子や孫に，性格やふるまいを変えさせたり，特別な技術を授けたりすることもあれば，人生の質そのものを向上させることもある。「特別な役割」を持つ祖父母の残す遺産は，ひとりの人間の変化であり，対人関係の変化であり，家族や社会の変化である。

　変化をもたらす人となることは，「特別な役割」を持つ祖父母の本来の目的である。ドーンとゲイリーは孫のために世界をよくしたいと思っており，孫には，家庭でも社会でも役に立つ人間になるよう教えていきたいと思っている。ジョージアとロンも，実現するための具体的な働きかけはしていないとはいえ，孫にはいい人生を送って欲しいと考えている。

　ドーンとゲイリーは，社会生活におけるビジネスチャンスや世渡りのすべなども孫に伝えようと努力した。自分たちが小売店をどう立ち上げ，維持してきたかを話して聞かせ，孫はそこから祖父母の親戚や地域の人たちとの関係を学んだ。ドーンとゲイリーが孫に伝えたかったメッセージのひとつは，目標を定め，それを追求することの大切さである。ドーンとゲイリーは今，無料でスープを配るボランティア活動をしているが，それもまた，恵まれない人たちの役に立ちたいという彼らの姿勢を孫に伝える材料となっている。

　ジョージアとロンは孫に，自分自身の生活をどう楽しむか，また世間のしがらみをうまくかわすにはどうしたらよいかを示した。この教訓は

どんな場合にも役に立つものではないが,自分の時間を自由にレジャーや趣味に使うことの意義を伝えている。ジョージアとロンは孫との連絡をとり続けていたので,孫の健全な成長の一助になったことは事実である。少なくとも孫は,自分の祖父母が誰で,遠くに住んでいてもちゃんとプレゼントを贈ってくれるという認識を持っている。だが,ジョージアとロンの残した遺産とは,現状維持,あるいはコマーシャルが定義している祖父母像を再現したにすぎなかった。自分たちの祖父母からつながる家族関係の絆を孫まで引き継ぎはしたが,それは世代の流れにただ従っただけのことだった。

「特別な役割」を持つ祖父母は,ドーン,ゲイリー,ジョージア,ロンよりももっと,社会の改革を生ずるような遺産を残すかもしれない。たとえば,国家の政策,地域の医療組織や教育組織,乳幼児保育や高齢者介護の団体,恵まれない母子への行政支援などに影響を与える祖父母がいる。こういう祖父母のすばらしいところは,自分たちの力を真剣に使って,家族だけでなく社会にも貢献しようとすることである。孫は,家族だけでなく社会に改革をもたらした祖父母の遺産から多くを得る。「特別な役割」を持つ祖父母の遺産は,「特別な役割」をもった祖父母が何者であったかを示す究極の記録なので,彼らの改革への影響は長年にわたって残っていくだろう。

ドーン,ゲイリー,ジョージア,ロンは,それぞれのやり方で自分たちの遺産を残した。「特別な役割」を持つ祖父母の遺産を何にするか,どう作り上げるか,考え方はいろいろあるが,そのなかで重要と思われる点は次のようなものである。

1. 孫やその他の家族を支える開放的な家族関係。

2．家族のさまざまな問題が噴出するのを防ぐ，あるいはなくすようなバランスのとれた家族。
3．孫息子にも孫娘にも均等な機会が与えられるような，バランスのとれた家族。
4．孫が，家族や親族のしがらみや確執にとらわれず，自由に出入できるような柔軟な家族関係。
5．地理的に離れていたり，心理的に疎外されることなどで，ばらばらにならない家族関係。
6．家族全員が，家族の絆をずっと保ちつづけようとする気持ち。
7．家族のニーズだけでなく，地域社会のニーズにも応えること。
8．誰であっても，どんな状況であっても，自分の個性を伸ばすことの大切さ。
9．孫も社会にかかわっていけるような，コミュニケーションと対人関係のスキル。
10．他の家族が「特別な役割」を持つ祖父母になり価値ある遺産を残せるよう，彼らに刺激を与えるというユニークな貢献。

　ドーン，ゲイリー，ジョージア，ロンはみな，他の祖父母が意識的にせよ無意識にせよやっているのと同じように孫に遺産を残した。私たちにつきつけられている選択肢は，祖父母の「特別な役割」をどの程度引き受けるか，孫や他の家族，友人たちにどんな遺産を残したいかである。祖父母になる可能性に賭けるなら，孫に，家族に，地域に役立つ目標を設定して，それにまい進するよりほかにいい方法はない。

第15章　　社会へ還元する

　祖父母の「特別な役割」の創造と発展の最終課題は，社会への還元ということである。もちろん「特別な役割」を形成し実行するうえでの最優先課題は，家族関係を構築すること，家族にバランスを持ちこむこと，家族メンバー間の世代を超えたつながりを持つことであった。
　しかし，「特別な役割」を持つ祖父母なら，身近な「家族」という舞台だけでなく，「社会」という舞台においても，時間とエネルギーを割いて有意義な貢献をする必要がある。自分の家族を強固にすることも社会をよくすることには違いないが，「特別な役割」を持つ祖父母が自分の知恵と心の安定を，家のなかだけでなく外へも貢献することに使った場合には，巡りめぐって社会に恩返しすることになる。社会で起きていることに関与することは祖父母をますます強くし，豊かにし，そして家族や他人から一目置かれる人間にする。
　「特別な役割」を持つ祖父母が社会に還元しようと励む姿は，孫のいい鏡になる。生命と家族の存在意義は，単に後世まで一族を繁栄させることだけではない。これはどんなにうまく機能している家族にも言えることで，社会の発展を望むという目標を持てば，もっと充実した人生が送れる。そこで市民としての責任を果たすためにも，「特別な役割」を持つ祖父母は，社会環境の改善にむけて，創造的な計画をし，効果的な

意思決定をし，革新的なプロジェクトに参加するべきである。

　人間として人生をまっとうするために社会へ還元することは，祖父母の才能や可能性を呼び起こす。「特別な役割」を持つ祖父母は，自分たちより恵まれない人びとを助け，誰もが今より幸せになれる環境をつくるために，できるだけのことをしなければならないとわかっている。これこそが「特別な役割」と呼ぶにふさわしい使命である。社会へ還元することを常に心に留め，理想を現実のものにするよう働きかける祖父母こそ，「特別な役割」を持つ祖父母といえる。

　デュエイン，テレサ，ナイジェル，ジニーは，かつては精力的に仕事をしていたが，今は祖父母の「特別な役割」に真剣に取り組んでいる。デュエインとテレサはともに医者で，結婚して35年になる。3人の子と5人の孫がいる。ナイジェルとジニーはともに再婚同士の弁護士で，再婚してから15年になる。ふたりには最初の結婚でもうけた子が3人と孫が4人，義理の孫が2人いるが，ふたりのあいだには子も孫もいない。

　デュエインとテレサはかつては高名な医者だったが，退職と同時に完全に仕事をやめた。一方ナイジェルとジニーは弁護士時代から地域社会の政治活動に参加するようになった。退職後は，デュエインとテレサは静かな生活を送ろうとしているのに対し，ナイジェルとジニーはこれを機に地域活動にもっと時間とエネルギーを注ごうと思っている。

　「仕事をやめてほっとしています」とデュエインはにこやかに語る。「ここ何年かは本当に大変で，よくやってこられたと自分でも不思議なくらいです。もう二度とあんな生活はいやですね。これからは家族と安らかな生活が送れると思います」

　テレサはこう言う。「キャリアウーマンを続けるのはわたしにとっても子どもにとっても本当に大変でした。子どもへの気配りを欠かさないよう

努力はしてきましたが、とても十分とは言えませんでした。その埋め合わせを孫にしてやりたいと思っています」

ナイジェルは目を輝かせて話す。「地域の政治活動に参加するようになって、よかったと思います。長年弁護士の仕事をしていると、いやでも社会問題や地域政策の壁にぶつかりますから。今は、子どもの教育改革に取り組んでいます」

ジニーもいきいきと語る。「社会とかかわりあえる活動をしてるっていいことですよ。以前は、子どもを置いて仕事に出るなんて悪い母親なんじゃないかと思うこともありました。でも、子どもはそれなりに育ち、孫もできました。おかげでわたしは安心して外に出てゆけます。今は貧しい人のために家探しを手伝っています。弁護士として訓練してきたことを無駄にしたくはないですから」

デュエイン、テレサ、ナイジェル、ジニーは四人とも、祖父母業には真剣に取り組んでいる。ナイジェルとジニーはさらに地域活動にも積極的に参加している。デュエインとテレサは退職後、私的な内向きの世界に引きこもってしまい、外界との接点や地域社会への関心を断ってしまった。

「特別な役割」を持つ祖父母は、家族のバランスを整え、家族関係を構築し、孫息子にも孫娘にも対等な機会を与えるだけでなく、社会にも関心を持ちつづける。彼らはつねに社会を改善する方法を模索し、孫とかかわるときもそのことを頭の片隅においで接する。そして、過去の経験を現在の問題解決の参考にし、よりよい未来を作ろうと考える。

皮肉なことに、祖父母が祖父母業に専念すればするほど、活動の範囲は狭まり、広い世界への出入が減る。社会とかかわっていた頃に比べると、結果的に孫や家族にあまり多くを与えることができなくなる。「特

別な役割」を持つ祖父母は，社会へ還元する方法を探り，孫や家族に日々の生活の意義，目的，方向性を示すことが必要である。家族と社会に貢献し，生き生きした人生を送るためには，祖父母の役割の対象を家族だけに限定してはならない。

　なかには社会参加にいそがしく，孫への責任を果たすどころではない祖父母もいる。だが一般的には家族のことばかりにかまけて，社会への貢献をおろそかにする祖父母が多いようである。ナイジェルとジニーは，ほかの「特別な役割」を持つ祖父母と同じく，人生を広い視野ではっきりと見据えて，家族とも地域社会とも同じように密接にかかわりあう。それに対しデュエインとテレサは，社会参加の機会を無視し，孫にばかり神経を集中させている。そして世界は狭まり，孫の人生に与える影響力も衰える。

　「特別な役割」を持つ祖父母は，自分が自分であるのは他人がいるおかげだという認識を持っているため，社会へ還元する責任を感じている。彼らは，家族がいることに，生きていることに感謝する。その恩恵を，不幸にして恩恵にあずかれない人と分かち合いたいと思う。孫の健やかな成長としあわせのために，家族と社会の環境を改善したいと祖父母が励めば，孫も社会へ還元することの大切さを学ぶであろう。
　「特別な役割」を持つ祖父母が社会に還元することには，次のような意味がある。

1. 他の祖父母に大きな刺激を与える。社会に還元することから，祖父母の人生にまた別の意義と目的と方向性が生まれる。
2. 大勢の人のため，環境改善に寄与したという満足感が得られる。

3．孫に，家族の中だけでなく外のニーズにも気づかせる。
4．外への関心を持ちつづけ，それを独自の方法で表現していると，自分自身がより強く，自立していると感じることができる。
5．広く社会のニーズに応えることは，過去と現在と未来の問題を結びつけることになり，祖父母は包括的な意識を持って行動することができる。
6．ただ家族にだけ目を向けているよりも地域社会にもかかわることで，取り巻く状況を広く客観的に見ることができる。
7．地域社会で存在感を発揮すると，孫や親戚からも一目置かれるようになる。
8．社会のできごとに敏感であることで，いきいきと暮らすことができる。それは孫にとっていい手本となる。
9．地域活動には孫が直接参加できるものも多い。孫はそれをとおして成長し，世界を現実的に見るようになる。
10．社会への貢献は「特別な役割」を持つ祖父母の遺産となる。それは家族にバランスを持ちこむ以上のものとなる。

　このような「特別な役割」を持つ祖父母は現実世界からの使者である。人に尽くすために何をしたらいいかをつねに自分で考えているので，人から押しつけられた価値観には屈しない。家族の責任を狭義に解釈せず，影響をおよぼし貢献する対象を広義に考え社会に出ていく。
　デュエインとテレサは頭も腕もいい医者であるが，高報酬の仕事を退いてからは公益活動にたずさわろうとしなかった。今まで人には十分尽くしてきたのだから，これからは落ちついた生活を送りたいという気持ちもわからないではないが，彼らの人生はまだ終わっていない。社会へ

還元するという大きな潜在的可能性を断ち，わざわざ狭い世界に引きこもってしまっている。

　ナイジェルとジニーのケースは「特別な役割」を持つ祖父母を奮い立たせる。ふたりは教育水準と住宅事情の改善にたゆまぬ努力を続け，自分たちの能力を社会のために使っている。これはまさに社会への還元であり，その行動は孫にも親戚にも地域の人にも，そしてもちろん彼ら自身にもいい結果をもたらしている。

「特別な役割」を持つ祖父母と社会への還元

　「特別な役割」を持つ祖父母は人生という流れの中に入り，自分の心を満たしてくれるものは何か，社会へ還元するためにはどうやって時間とエネルギーを使えばいいかを理解する。孫を軌道に乗せ，家族がバランスを保っていることを確かめることに心を砕くが，家族以外のところでも自分の存在を確立したいという欲求に従う。そういう気持ちがあるからこそ，つねに前向きの努力を自分に課し，未来へ向けての広範な可能性とチャンスを孫に示して見せるのである。

　「特別な役割」を持つ祖父母の社会への還元には，大げさな計画や革新的な施策を用いる必要はない。何をしたいか，どの方向に進みたいかという理想を持っていれば，自然とそれに導かれる。週に一度，教会で案内係をやるだけでも，地域社会の生活の質を変えるには十分の働きかけである。祖父母の貢献はそれほど大規模なものではなく，実際には小規模なもので，どんなに小さい行動でも，祖父母と孫とその他の家族が外の世界に向かい，社会に貢献するという目的には十分かなう。

　デュエインとテレサは家族に対する愛情や気配りをあらゆる方法で表わしているが，社会とのかかわりを断っているかぎり，ナイジェルやジ

ニーのように孫に確固たる遺産を残すことはできない。ナイジェルとジニーの外向きの姿勢と行動は，孫と家族に社会への帰属意識を植えつける。この強い帰属意識のおかげで，ナイジェルとジニーの家族は社会に出てゆくとき，大きな安心感と可能性を持つことができる。

　社会へ還元するということは，祖父母と孫と家族の生活を豊かにする。伝統的な家族，対立する家族，問題をかかえた家族，疎遠な家族，断絶した家族，連立家族における祖父母は，家族のバランスを取り戻すのにエネルギーを使い果たし，社会へ還元する活動まで十分にはできないかもしれない。だが「特別な役割」を持つ祖父母は，最終的には社会へ還元するという方向をめざしていくことである。デュエインとテレサの欠点は，医者として長年社会に貢献してきたにもかかわらず，あまり建設的でない方向を選んでしまったことである。家族のために尽くすのは価値のある目標だが，それだけでは社会に還元しつづけたいというデュエインとテレサの潜在的な欲求を満たすことはできない。

　家族の世代を超えたつながりを築くという目標も，社会へ還元するという究極の「役割」の代わりにはならない。過去を知ることや家族の歴史をまとめることは，最終目標へのきっかけとしてのひとつの目標ではあるが，それ自体が最終目標ではない。「特別な役割」を持つ祖父母が自分の受け継いだものを知ろうとするのは，そこから人の役に立つ遺産を残すためなのである。世代間で継承された詳細な事実を集めても，社会を改善する行動につなげなければ，それはただの自己満足に終わってしまう。

社会への還元と改革

　「特別な役割」を持つ祖父母は改革に深くかかわる。多くの人の生活

環境を改善するためには，変えなければならないことが山ほどあることを知っているからである。「特別な役割」を持つ祖父母にとって，社会へ還元することと公益のための改革をすすめることとは同義である。彼らはまず，自分の家族のバランスを整える。それからより広い舞台に出ていき，そこで自分の可能性を追求し才能を活かしながら改革をおこなう。「特別な役割」を持つ祖父母は，タイミングと状況が整うのを待つ楽観主義者である。可能性をかぎつけたり機会が与えられたりすれば，彼らはすばやく行動を起こし，現状改革という目標に向かう。

　「特別な役割」を持つ祖父母は，改革をするのに何が必要かを知っていると同時に，人に自分の意見を聞き入れてもらうのに何が必要かも知っている。家族の中で受けるさまざまなプレッシャーを切りぬけてきた経験から，何かに貢献して満足感をおぼえられるかどうかは，人の協力を得られるかあるいは抵抗を受けるかで決まると知っている。強行に押し進めたり独善的にふるまったりすれば，せっかくの努力も水の泡となる。しかし，改革をおこなうことの必然性と必要性をじっくり理解させるようにすれば，人の協力を得ることができる。

　理想をいえば，「特別な役割」を持つ祖父母は社会へ還元するというおこないをとおして，歴史をうごかす人物になってほしい。つまり社会の中で何を演じればいいのかを自覚し，目標を成し遂げるためにひたすら取り組むことである。彼らは自分の命は，寿命という限られた年月を超えた意味を持つと知っており，だからこそ過去と現在と未来をつなぐように意識的に行動する。歴史をうごかす人物になるとは，「特別な役割」を持つ祖父母が個人の限界を超え，潜在能力をフルに使って英雄になることなのである。

　「特別な役割」を持つ祖父母はまた，完成することのないプロジェクトという理想を追いつづける。彼らは引退しない。報酬を得る仕事をや

めることはあるし，それを人は「引退する」というかもしれないが，このことばは彼らが何者かを語るには平凡すぎる。「特別な役割」を持つ祖父母は，報酬を得る仕事をやめても，すぐに他の関心ごとや活動，とくに自分が恩恵を受けてきた社会への恩返しに向かう。

　「特別な役割」を持つ祖父母は，それまでの生活体験や職業体験を活用する能力があるので，現在の問題を未来に向けてよりよく解決する知恵を出すことができる。彼らが現在と未来に活力の基盤を築き，しあわせの種まきができるのは，時を経て得た幅広い視野のおかげなのである。その視野で改革を考えることこそ，彼らが若い世代や社会全体に与えることのできるはかりしれない貢献である。

　「特別な役割」を持つ祖父母が社会にできる貢献は多岐にわたる。自分の強みや状況に合わせたり，いちばん大事だと思えることを優先したり，さまざまな方法で社会に還元する。祖父母の役割のうちで，家族改革が社会還元ほど価値がないと言っているわけではく，社会への貢献はどんなかたちであれぜひやるべきだと言っているのである。「特別な役割」を持つ祖父母は，他人に何かを与えることができる恵まれた人間なのだという自覚をすることである。社会への貢献をすることは，祖父母自身を，孫を，家族や親族を，社会の人びとを元気づけるということをしっかり心に留めてほしい。

　ここに，「特別な役割」を持つ祖父母が社会に還元する方法をいくつかあげておく。社会への貢献だけでなく，家族への貢献も含んでいる。

1．自分の家族のバランスをととのえ，強固にする。
2．家族の悪影響から孫を守り，これから先も再発しないよう予防あるいは根絶する。

3．孫息子と孫娘が家族内でも地域社会でも対等に扱われるように，できるだけいい環境を作り出す。
4．情熱を持って人とかかわりあえる人間に，恵まれない人に手を差しのべられる人間になるよう孫を教育する。
5．地域社会に，自分にしかできない貢献をする。
6．困難な現状を打破し，理想を現実に変えてしまう，歴史をうごかすような人物になる。
7．「特別な役割」を追求することで，孫や親戚や地域の人びとの手本となる。
8．年をとったらそれまで世話になった社会に貢献して還元するという姿勢を孫に示す。

　デュエインとテレサはこのような目標を追求しなかったので，「特別な役割」を持つ祖父母とはいえないだろう。家族から愛情を受け，家族に貢献するという，良心的でどこにでもいる祖父母にすぎない。もちろん，デュエインとテレサのたゆみない愛情と心遣いが孫のためになっているのは事実だ。
　一方，家族と社会の双方に献身的なナイジェルとジニーは，「特別な役割」を持つ祖父母のモデルと言える。安心感と柔軟性のある家族関係の大切さと，人に尽くし社会に還元することの大切さを，ともに理解している。自分の未来のしあわせは社会全体のしあわせとしっかり結びついていると認識しているから，社会が本当によくなるまで休まず貢献し続けることだろう。
　ナイジェルとジニーは幅広い献身をしているからこそ，特別な祖父母なのである。ふたりは「特別な役割」を明確に定義し，それに向かってまい進する。孫を自分たちの活動に引き込み，家族や社会への帰属意識

を植えつける。それゆえいつの日か、孫たちも社会への還元をおこなう「特別な役割」を持つ祖父母になるであろう。

参考文献

Beal, E. (1991). *The Adult Children of Divorce*. New York: Delacorte.
Boszormenyi-Nagy, I., and G. M. Spark (1973). *Invisible Loyalties*. New York: Harper.
Bott, Elizabeth (1957). *Family and Social Network*. London: Tavistock.
Bowen, Murray (1978). *Family Therapy in Clinical Practice*. New York: Jason Aronson.
Gilbert, Roberta M. (1992). *Extraordinary Relationships: A New Way of Thinking about Human Relationships*. Minneapolis: Chronimed.
Hall, C. Margaret (1991). *The Bowen Family Theory and Its Uses*. New York: Jason Aronson.
——— . (1998). *Heroic Self: Sociological Dimensions of Clinical Practice*. Springfield, IL: Charles C. Thomas.
——— . (1994). *New Families: Reviving and Creating Meaningful Bonds*. New York: Haworth.
Kerr, Michael, and Murray Bowen (1988). *Family Evaluation*. New York: W. W. Wiley.
Papero, D. V. (1990). *Bowen Family Systems Theory*. Boston: Allyn and Bacon.
Speck, R., and C. Attneave (1973). *Family Networks*. New York: Pantheon.
Toman, Walter (1993). *Family Constellation*. New York: Springer.
Turner, R. H. (1970). *Family Interaction*. New York: W. W. Wiley.
Young, M., and P. Willmott (1962). *Family and Kinship in East London*. Harmondsworth, Middlesex: Pelican.

訳者あとがき

　本書は The Special Mission of Grandparents : Hearing, Seeing, Telling, by C. Margaret Hall, 1999 の全訳である。

　本書は高齢社会における祖父母の役割を論及している。現代社会の家族問題の重要な研究課題でありながら，研究書の少ないテーマである。本書によって祖父母の役割と課題を解決する手がかりになると確信し，訳出したものである。

　家族の研究の多くは，これまで親子関係に注目している。高齢社会では，もう一つの親子関係という二重階層になっているのである。

　わが国では祖父母といえば，子どもから見て小遣いをくれる人，いわゆる六つのポケットとしての役割が知られている。

　また，内孫と外孫といった祖父母の関係も指摘されている。

　一般に，人は孫が生れると，家族的位置が「おじいちゃん」「おばあちゃん」へと移行し，自分の息子や配偶者までが「おじいちゃん」「おばあちゃん」と呼称を変える。

　祖父母の研究の意義は，次の三点にまとめられる。

　第一は，長生きすることにより祖父母期間がますます延長すること。

　第二は，少子化社会では親子関係のさらに上の親子関係という縦の人間関係の問題が大きな課題となってきた。

　第三は，ライフサイクルの変化にともない祖父母の役割が新しい課題として重要性を高めるのである。

元気で経済力や資産をもついわゆる祖父母が多く現出し，家族問題に大きな影響力をもつようになっている。
　高齢者自身の問題として，学習する課題である。
堀薫夫の調査報告によれば「つながり」の重要性を指摘している。

> 高齢者に特有の学習ニーズは「つながり」へのニーズである。「自分の過去とのつながり」「他者とのつながり」そして「未来・悠久なるものとのつながり」という意味において。
> （堀　薫夫「高齢者の学習ニーズに関する調査研究」　2001
> 日本老年社会科学会大会報告要旨号　Vol. 23 no.2　より引用）

　この意味で「つながり」としての孫との役割はきわめて重要な学習テーマである。
　本書のもつ意義は大きいと思い，訳出したのである。
　訳者の力量不足で，稚拙な訳文の箇所が少なくないかと思っている。翻訳の巧拙を論ずる資格は訳者にはない。
　訳書の刊行にあたり，旧知である誠信書房の濱地正憲氏には，変わらぬ厚意により本書の最初の段階からお世話になった。心から御礼を申し上げたい。とくに感謝したい。
　本書は，一つの祖父母，つまり「おじいちゃん」「おばあちゃん」を勇気づけることになれば，訳者の喜びこれに過ぎるものはない。
　　　　2001年7月

　　ことし91歳になる母　吉井せん　に

　　　資格認定 健康生きがいづくりアドバイザー　　　　吉　井　　弘

訳者紹介

吉井　弘（よしい　ひろむ）

1939年生　東京都出身
1973年　東洋大学大学院社会学研究科修了
現　在　千葉商科大学教授
　　　　千葉県生涯大学校講師

　　　　日本老年社会科学会会員
　　　　日本家族社会学会会員
　　　　資格認定　健康生きがいづくりアドバイザー
訳　書　『都市に生きる高齢者たち』1990，芦書房
　　　　『テンポラリー・ワーカー』1984，誠信書房
　　　　『職業選択の理論』1980，誠信書房
　　　　『老いの始まりと終わりのない性』2001，勁草書房

祖父母の特別な役割──聞くこと・見ること・話すこと

2001年8月10日　第1刷発行	定価はカバーに
2002年3月20日　第2刷発行	表示してあります

　　　　訳　　者　　吉　井　　　弘
　　　　発　行　者　　柴　田　淑　子
　　　　印　刷　者　　井　川　高　博

発　行　所　株式会社　誠 信 書 房
〒112-0012　東京都文京区大塚 3-20-6
電話 03 (3946) 5666
http://www.seishinshobo.co.jp/

新興印刷　中尾製本　　　　落丁・乱丁本はお取り替えいたします
検印省略　　　　無断で本書の一部または全部の複写・複製を禁じます
Ⓒ Seishin Shobo, 2001　　　　　　　　　　Printed in Japan
ISBN4-414-50214-4 C1036

一般社会システム論

W・バックレイ著／新 睦人・中野秀一郎 訳

「情報科学」と呼ばれる最新の分析方法を投入して、これまでパーソンズやホーマンズに代表されてきた「社会システム論」を「一般システム論」の立場から、根本的に書き換えようとする野心的な社会学理論の書。

テンポラリー・ワーカー

E・L・ウィンター／吉井 弘 訳

●**人材派遣によるあなたの将来** 本書は人材派遣制度の発生過程や特徴を明確にし、女性にとっていかに有効であるか、学生や高齢者の人材派遣例もあげて、わが国における人材派遣の今後の動向に示唆を与える。

出 会 い

ゴッフマンの社会学 2
E・ゴッフマン著／佐藤 毅・折橋徹彦 訳

●**相互行為の社会学** 焦点の定まった集まりという概念の導入により対面的相互行為を詳細に分析した「ゲームの面白さ」と、伝統的な役割理論をこえた独自の研究局面を切り拓いた「役割距離」の二論文の代表作。

集まりの構造

ゴッフマンの社会学 4
E・ゴッフマン著／丸木恵祐・本名信行 訳

●**新しい日常行動論を求めて** 日常の些細ではあるがパブリックな社会行動である「集まり」に焦点をあて、その構造と集団や社会に変形する過程を、シンボリック相互作用論および現象学的社会学の視点より考察。

誠信書房

私は親のようにならない
C・ブラック著／斎藤 学 監訳

● アルコホリックの子供たち　アルコール依存症が親から子へ受け継がれていくことを指摘し、依存症の子どもがなぜ自ら依存症者になったり、配偶者に依存症者を選んだりするのか、子どもたちの環境と心理を考察する。

女性が母親になるとき
H・G・レーナー著／高石恭子 訳

● あなたの人生を子どもがどう変えるか　従来の育児・子育ての書ではなく、女性の人生にどのような影響を及ぼすか、子どもをもつということがめったに聞けない知恵と話と癒しのアドバイスをしてくれる。

父と娘 心のダンス
B・ゴールター・J・ミニンガー著／連 希代子 訳

● 葛藤を乗り越えるために　モンローのように父に捨てられた娘、フロイトやトルストイの娘のように偉大な父をもった娘、「リア王」のコーディリアのように救世主的な娘など、従来の娘との関係を六つの機能不全の型に分類。

バッド・マザーの神話
J・スウィガート著／斎藤 学 監訳

従来、子育ては女性の天性のものとし、母親は全身全霊でこれに尽くすものとし、子育てならびに子どもに対して否定的な感情をもつことは母親失格とされてきた。本書は子育て期の母親たちの苦悩や葛藤を描く。

誠信書房

心理学ビギナーズトピックス100

齋藤勇編

心理学のおもしろさをイラスト付きの100のトピックスで紹介する。

［目次］
独眼竜政宗の観た世界は
地下鉄の中での会話
タバコを止めたい
教室で眠るのは気持ちいい
はやく上達する練習法
ゴルフは野球の練習になるか
エスキモーは自立的
7年に一度恋をしたゲーテ
ドラエモンの最後
便りのないのは悪い便り
タヌキ寝入りは脳波で分る
デカ頭は賢いか，シワが多いと賢いか　他
　　　　　本体1500円（税抜き）

対人心理学トピックス100

齋藤勇編

むずかしい人間関係を客観的にとらえ，余裕ある人間関係をつくるための興味深い100のトピックス。

［目次］
○現代人のタイプ
　モラトリアム人間　シゾイド人間　自己愛人間　他
○現代人の集団心理
　身勝手な上司　会社人間は会社に不利益　他
○現代人の自己心理
　美人は不安　謙遜するほど尊敬される　他
○好きと嫌いの心理
　恋人募集広告　コンピューターデートの結末　他
○人を見るときの心理
　主観的な他者の印象　有能な部長は有能な夫か　他
○タテ・ヨコ・人間関係の心理
　偽りを見抜く法　もっともっと嫌われたい　他
○親と子の心理
　あなたのしつけは何型？　母性は本能にあらず　他
　　　　　本体1500円（税抜き）

欲求心理学トピックス100
齋藤勇編

100の興味深いトピックスで，自分のもつ様々な欲求とその特徴を知ってライフスタイルに役立てる。

［目次］
アイドルに夢中は異性恐怖？
「落書き厳禁」は逆効果
人助けも気分次第
お兄さんでしょ。我慢しなさい！
お世辞のききめ
女性は成功を恐れている
子供のほしい母親，ほしくない母親
ロミオとジュリエットのように
ブタもおだてりゃ木に登る
コンニャクでお腹は一杯になるか
攻撃欲求が自分に向かうと……
算数正解！　「はい千円」
自己の欲求を自己採点　　他
　　　　　　　本体1500円（税抜き）

脳と心のトピックス100
堀忠雄・齋藤勇編

ごく日常的な出来事から脳と心の関係，心と体のメカニズムを探る。

［目次］
脳波で自分をコントロールする
ピカソやダ・ビンチは左利き
うそをつくと声が高くなる
ボケないための十箇条
脳の地図づくり
猫も夢を見るのだろうか
原発事故は午前四時
テストのとき不安が高まる人
眠らないと怒りっぽくなる
風呂のなかでのリラックス
日本人の脳，外国人の脳
宇宙人は頭でっかち
金縛りは霊の仕業か
飛んでくるボールをなぜ打てるのか？　　他
　　　　　　　本体1553円（税抜き）

誠信書房の本

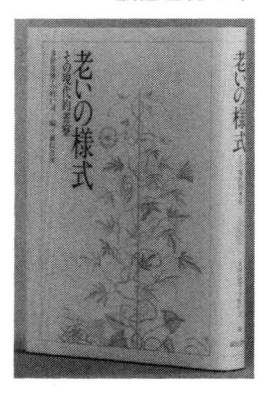

老いの様式
その現代的省察

多田富雄・今村仁司編

現代における老いの新たな意味を，自然科学的，文明論的，社会科学的に考察する。全体を通読することによって分子生物学における最先端の研究が，生老死の東洋思想とかかわり合っているかのような不思議な老いの実像が浮かび上がってくる。

[目次]
- ●第1章　老いの医学
  老いとは何か　今堀和友／老いの姿　日野原重明
- ●第2章　生物学と老い
  分子生物学からみた老い　中村桂子／老化と免疫系　多田富雄
- ●第3章　心と老い
  老いの心　長谷川和夫／老人になること　三浦朱門
- ●第4章　文明と老い
  メタファーとしての老い　河野博臣
- ●第5章　社会と老い
  若さ信仰と現代　柏木博／家族の社会化と老いの行方　今村仁司／老いの価値　阿部年晴／男性の老い，女性の老い　江原由美子／高齢者と生涯学習　宮坂広作

定価（本体2300円＋税）